Das SeelenArbeitsTeam
um Christopher Vasey

Krise als Herausforderung

EDITION
EVA
HERMAN

Umschlag:
Konzeption, Design & Artwork: Robert A. Lau
Satz & Realisation:
B R A I N G E N C Y*
Design + Werbung GmbH, Germany
www.braingency.de

Verlag:
Edition Eva Herman
P.O. Box 66
Cleveland, Nova Scotia B0E 1J0, Canada
info@eva-herman.net
www.eva-herman.net

Druck und Vertrieb:
Amazon Media EU S.à r.l.
5 Rue Plaetis, L-2338, Luxembourg

ISBN: 978-1-7782939-0-0

Die Verfasser orientieren sich bei ihren Aussagen, die über den allgemeinen Kenntnisstand hinausgehen, an dem im Werke *»Im Lichte der Wahrheit, Gralsbotschaft«* von Abd-ru-shin, vermittelten Wissen.

Inhalt

Vorwort

Seit dem Beginn des Jahres 2020 beantwortet das Seelenarbeitsteam um den Schweizer Naturheilpraktiker Christopher Vasey so manche Fragen unserer Leser und Hörer.
Vor allem, wenn es um das Gewissen geht, um zwischenmenschliche Herausforderungen, um die zunehmende Spaltung innerhalb der Familie, ist bei vielen zuweilen guter Rat teuer. Das Seelenarbeitsteam beantwortet alle Lebensfragen auf eine unnachahmlich lebendige Weise, die Worte finden sich, wie es zuweilen scheint, wie auf himmlischen Ebenen wieder, die den Menschen nicht nur Mut zusprechen, sondern auch kraftspendend, trostbringend und aufbauend wirken.
Was bei vielen Zuschriften auffällt, ist eine neue Form von Resignation und Angst, die nicht selten durch die veränderte Welt entstanden ist und die Menschen von ihrem alten und gewohnten Leben Schritt für Schritt zu entfernen scheint. Es ist die Sorge vor etwas Unbekanntem, das sich nicht mehr kontrollieren lässt.
Dieses morphogenetische Feld nimmt derzeit an Stärke und Ausdehnung erheblich zu. Doch das Seelenarbeitsteam findet stets hilfreiche Empfehlungen, um die Menschen innerlich wieder zu stabilisieren und ins Gottvertrauen

zurückzubringen, vor allem auch in die Eigenverantwortlichkeit. Das schenkt Zuversicht und Mut und gibt ihnen genügend Selbstvertrauen, um ihr Schicksal selbst in die Hand zu nehmen und zu meistern. Zahlreiche Dankesschreiben beweisen dies eindrücklich.

Das Seelenarbeitsteam versteht es aus meiner Sicht auf beachtliche Weise, jedes noch so schwierige Lebensproblem eines Menschen genauer zu ·beleuchten und dieses durchaus auch als Chance zu dessen Weiterentwicklung und zur eventuellen Lösung des persönlichen Karmas zu erkennen und umzusetzen.

Da bestimmte Themenbereiche wiederholt von unseren Lesern und Hörern angesprochen werden, haben wir uns entschlossen, die wichtigsten und drängendsten Fragen sowie die darauf gegebenen Antworten der heutigen Zeit des großen Welten-Umbruchs in diesem Buch abzudrucken.

Wir wünschen uns, dass vielen Menschen damit weiterhin geholfen werden kann, stabil und ganz im Gottvertrauen stehend durch diese bewegende und bewegte Zeit zu kommen.

Von Herzen danke ich dem Seelenarbeitsteam für den Reichtum seiner Arbeit und die Liebe in seinen Hilfestellungen!

Eva Herman

Vorbemerkung der Autoren

Um auf die im Nachfolgenden aufgezeigten Fragestellungen zu antworten, stützen wir uns auf die drei Bände des von Abd-ru-shin verfassten Werkes »Im Lichte der Wahrheit, Gralsbotschaft«.

Die in den jeweiligen Kapiteln gestellten Fragen und die dazu gegebenen Antworten betreffen vor allem Aspekte, die während der Zeit der Covid-Pandemie von besonderer Wichtigkeit gewesen sind. Aus diesem Grund erfolgen zum Teil konkrete Hinweise auf damalig Aktuelles oder Probleme dieser Zeit. Doch obwohl es sich dabei um besondere Gegebenheiten handelt, so geht es im Grunde immer wieder um dasselbe Thema: das Suchen des Menschengeistes, um sich durch besseres Erkennen und geistiges Wissen von den Verstrickungen und Problemen im Erdensein zu lösen, geistig zu reifen und sich von allem Falschem zu befreien. In diesem Sinne können die nachfolgenden Erläuterungen in jeglichen Lebenssituationen als Wegweiser gelten.

Weitere Informationen finden Sie auf unserer Webseite: **www.SeelenArbeitsTeam.net**
Sie können uns auch anschreiben:
info@SeelenArbeitsTeam.net

Kapitel 1: Angst und Sorgen

Frage 1: *Es fällt mir schwer, in der heutigen Zeit vertrauensvoll in die Zukunft zu sehen. Wenn man beobachtet, was sich alles ereignet, sei dies in der Familie, in sozialer oder politischer Hinsicht, so könnte man verzweifeln.*

Es gibt Zeiten im Leben, in denen die äußeren Umstände sehr schwierig und wir froh sind, dass wir Halt und Stütze im Inneren, der Familie, finden. Dann gibt es Zeiten im Leben, in denen es familiäre Schwierigkeiten oder Krisen gibt, während der die äußeren Umstände stabilisierend wirken können, und dann kann es so sein, wie Sie es beschreiben, dass man den Eindruck hat, dass alles aus den Fugen gerät und nicht viel bleibt, an dem man sich festhalten kann.

Das sind Momente, da wir bis ins Innerste erschüttert werden, die entweder völlig niederschmetternd sind oder die zu einem Sichbesinnen aufrütteln. Vielleicht haben Sie schon mit älteren Menschen gesprochen, die auf ein erlebnisreiches Leben zurücksehen können und deren Aussagen, dass sie gerade die schweren Zeiten oder Krisen nicht missen möchten, überraschen.

Natürlicherweise wünschen wir uns ein harmonisches, glückliches Leben und sind froh über jede Hürde, die nicht genommen werden muss. Dennoch, im Nachhinein stellt sich oft heraus, dass es gerade diese schweren Zeiten waren, die für unser Inneres, unseren Geist, besonders bereichernd waren. Es sind Zeiten, in denen wir uns bestimmten Dingen, die nicht richtig sind, stellen müssen oder, anders ausgedrückt, manches erleben, das nicht in den Schöpfungsgesetzen schwingt. Wir werden gedrängt, uns dem Wesentlichen zu öffnen, Falsches loszulassen, neue Wege zu finden …

In einer solchen Situation befindet sich zurzeit – wir denken, dass man das ruhig so sagen kann – mehr oder weniger die ganze Menschheit. Schaut man um sich, so kann man sich fragen, wie es so weit kommen konnte und wann, oder gar ob, es einen Ausweg aus der gegenwärtigen Situation geben wird.

Wir sind davon überzeugt, dass dies geschehen wird. Wir denken jedoch auch, dass wir nicht untätig zusehen dürfen, sondern jeder für sich, einige im Großen, die meisten jedoch im Kleinen, das Unsere dazu beitragen können, damit es besser wird.

Fragen wir uns, was wir tun können, so ist es natürlich auch nötig zu wissen, welche die Ursachen all des Falschen sind. Die Antwort darauf haben wir in den drei Bänden des geistigen Werkes »Im Lichte der Wahrheit, Gralsbotschaft« gefunden. Darin wird ganz klar aufgezeigt, woher alles Übel und das daraus entstehende Leid kommen. Der Grund hierfür ist, dass wir Erdenmenschen uns nicht von dem einzig Lebendigen in uns, unserem Geiste, leiten lassen, sondern dass im Allgemeinen der Verstand alles beherrscht. Der Verstand, der zum Irdischen gehört und für die irdische Beurteilung von an uns herantretende Fragen unentbehrlich ist, ist nur ein Werkzeug für den über dem Irdischen stehenden Geist. Der Geist, der mit seiner Weitsicht und dem Erkennen der wirklichen Werte wie Gerechtigkeit, Liebe und so weiter eine Situation beurteilt, indem er sich auf diese Werte stützt. Also alles liebevoll und gerecht, zum Wohle und zum Segen, nicht nur seiner selbst, sondern der Allgemeinheit, beurteilt.

Dies ist zurzeit – noch – nicht der Fall. Wie wir sehen können, beherrscht der Verstand mit seinem eng begrenzten Urteilsvermögen das Leben. Sein Ziel ist nicht das Wohlergehen der Allgemeinheit, sondern der kurzfristige Nutzen, Gewinn, persönliches Ansehen und Macht, alles Dinge, unter denen wir momentan leiden. Hinzu kommt, dass wir die Schöpfungsgesetze nicht oder nur ungenügend kennen. Wären diese in uns verankert, so wäre sich jeder klar

darüber, dass er ernten wird, was er sät. Dass er, will er glücklich sein, auch Glück um sich verbreiten muss. Wünscht er sich Gerechtigkeit, so muss er auch gerecht handeln ...
Das einzig Lebendige in uns, unser Geist, verfügt über einen freien Willen. So liegt es an uns selbst, was wir empfinden und denken wollen. Erfüllen uns Wut oder Auflehnung, so sind das keine aufbauenden und friedlichen Empfindungen. Sie verbinden uns mit gleichgearteten Formen im Unsichtbaren, die wir nähren und die uns auch gleichzeitig rückwirkend wiederum nähren. Das verstärkt unser Empfinden und lässt uns tiefer in unsere Ängste und Sorgen gleiten.
Sofern uns nun Wut und Hoffnungslosigkeit zu ergreifen suchen, so können wir mit unserem freien Willen entscheiden, dass wir das nicht wollen und uns stattdessen dem Lichten zuwenden. Wir können mit Zuversicht und Vertrauen den Blick nach oben wenden. Wenn wir das tun, geschieht genau das gleiche wie mit der Angst, der Wut und der Hoffnungslosigkeit. Nur, dass es jetzt lichte, hebende und vertrauensvolle Formen sind, mit denen wir uns verbinden. Das anfängliche Zagen kann so zu einer mutigen Zuversicht werden. Die wohltuenden lichten Formen werden durch jeden guten und hoffnungsvollen Gedanken

gestärkt und stärken uns in der Rückwirkung auch selbst wieder. Ohne es zu ahnen, tragen wir so dazu bei, dass sich mancher zagende Mensch, der sich nur ein klein wenig der Hoffnung öffnet, gestärkt werden kann und sich den Anforderungen des Lebens wieder zu stellen vermag.

Wir sind nicht taten- und hilflos den Ereignissen ausgeliefert. Jeder von uns kann das Seine dazu beitragen, dass es besser wird: Sich um geistiges Wissen bemühen, die erworbenen Kenntnisse umsetzen, stets respekt- und liebevoll mit seiner Umwelt umgehen – dies könnte man als unscheinbare Bemühungen bezeichnen, die im Falschen untergehen. Sie tun es jedoch nicht, sie sind stark und wirksam, da sie voll von der Kraft des Schöpfers durchdrungen sind.

Dass das Gute siegen wird, daran besteht nicht der geringste Zweifel. Die einzige wirkliche Kraft, welche die Schöpfung belebt und hält, stammt vom Schöpfer, sie durchdringt und stärkt alles Gute, lässt es gedeihen und sich ausbreiten. Das Falsche hingegen steht im Gegensatz zu der göttlichen Kraft, es wird zur Selbstzerstörung gedrängt. Das Falsche wird so immer mehr an Einfluss und Kraft verlieren, je mehr Menschen sich dem Guten zuwenden.

Frage 2: *Wie ist es möglich, dass es so weit kam, dass die Menschheit, im Allgemeinen, so sehr vom richtigen Wege abgewichen ist? Was wird noch auf uns zukommen?*

In dem geistigen Werke »Im Lichte der Wahrheit, Gralsbotschaft« wird einleuchtend dargelegt, dass der Ursprung allen Übels darin liegt, dass wir Menschen unseren freien Willen nicht in gottgewollter Weise nutzen, uns nicht den Schöpfungsgesetzen fügen, sondern unseren Verstand und eigenen Willen darüber setzen. Was dabei entsteht, kann nur Schmerz, Leid und Not bringen.

Gerade weil wir diese besondere Zeitepoche erleben, ist das Erleben für jeden Einzelnen auch besonders tiefgreifend und manchmal auch erschütternd. Denn alles, was noch trennend zwischen uns und dem Lichte steht, muss im eigenen Erleben erkannt werden, damit wir uns davon lösen und befreien können. Dabei ist es wichtig, dass wir uns stets bewusst sind, dass alles, was geschieht, einen Sinn hat, dass nichts auf uns zukommen kann, das wir nicht selbst auf irgendeine Weise verursacht haben oder das uns beim Erkennen und geistigen Reifen helfen wird und so für unser inneres Weiterkommen notwendig ist, auch das Schwierige oder Schmerzhafte, das, wenn

wir uns ihm nicht entgegenstellen, sondern es annehmen und bereit sind daraus zu lernen, sich zu unserem Besten wenden kann.
Wenn wir uns fragen, was auf uns zukommen wird, so kommt es auch auf die Einstellung und das Verhalten der Menschheit im Allgemeinen an. Je mehr Menschen sich dem Guten zuwenden, sich mühen, den Schöpfungsgesetzen entsprechend zu leben, falsche Wege verlassen und sie durch Richtige ersetzen, umso lichter und heller wird die Erde werden und umso weniger wird die Menschheit aufrüttelndes und schmerzhaftes Erleben zum Erkennen brauchen.
Wenn wir versuchen, nur Gutes zu tun, aufbauend und liebevoll zu unserer Umwelt sind, so wird sich das als Erstes wohltuend auf alle mit uns in Verbindung stehenden Menschen auswirken. Außerdem hat es einen wertvollen Effekt: dass wir Harmonie um uns verbreiten. Hinzu kommt, dass diese Saat auch aufgehen wird, dass wir also auch Gutes ernten, das heißt erleben werden. Dies gibt uns wiederum Kraft, Zuversicht und Freude.

Kapitel 2 · Kinder

Frage 1: *Wie kann ich meinen Kindern in dieser bedrückenden Zeit helfen?*

Als Eltern ist es unser Wunsch, unseren Kindern eine möglichst glückliche und sorgenfreie Kindheit zu bieten. Wir möchten sie vor allem Ungemach bewahren – etwas, das in der heutigen Zeit fast nicht möglich ist.
Wenn wir jedoch die Situation von einer anderen Seite her betrachten, nämlich die der ganzen geistigen Entwicklung unserer Kinder, so können wir gut nachvollziehen, dass eine idyllische und sorgenfreie Kindheit, obwohl wünschenswert, nicht unbedingt das Beste für sie ist. Denn sie sind ebenso alte Seelen wie wir auch – Seelen, die schon viel Erleben hinter sich haben, die auch selbst Karma mit auf diese Erde bringen, mit der Möglichkeit, wo nötig, etwas zu erkennen oder abzulösen. Sie bringen aber auch einen großen Reichtum an geistigen Eigenschaften mit, etwas, das auch den Eltern viel vermitteln kann.
Kinder, die in dieser Zeit auf die Erde geboren wurden, benötigen auch gerade diese Zeit für ihren persönlichen Entwicklungsweg und zum Reifen – mit all den Höhen und Tiefen, Freuden und Schwierigkeiten, die zu dieser

ganz besonderen Zeit gehören.
Wenn wir uns bewusst sind, dass sich in den Seelen eine ausgeprägte Persönlichkeit befinden kann, eine Persönlichkeit mit all ihren Stärken und Schwächen, die während der Kinder- und Jugendzeit, mit der liebevollen Hilfe der Eltern, zum irdischen Erwachen und Bewusstwerden gelangen soll, so ist es ganz natürlich, dass sich dies alles nicht nur in Freude und Harmonie vollziehen kann. Kräftemessen, Grenzen testen und so weiter verhelfen dem Kind, sich dem Irdischen zu stellen und auch die Auswirkungen der Schöpfungsgesetze zu erleben.
Die gegenwärtige Zeit der räumlichen Einschränkungen bietet einerseits zusätzliche Herausforderungen und Belastungen, andererseits jedoch auch Chancen. Jede Schwierigkeit, jede Krise, die auf eine aufbauende Art gemeistert wird, ist ein Gewinn für den Geist aller Beteiligten, sowohl der Kinder als auch der Eltern. Bedenkt man, dass die Kinder durch das Gesetz der Anziehung der Gleichart von den Eltern angezogen werden, so werden wir uns auch bewusst, wie wichtig Eltern für die Kinder sind, da sie durch die Gleichart, nicht in allem natürlich, sondern in bestimmten wichtigen Eigenschaften, besonderes Verständnis und innerliches Nachempfinden für die Schwierigkeiten und Probleme der Kinder

aufbringen können. Im umgekehrten Falle können bestimmte Eigenschaften der Kinder den Eltern die Augen öffnen und ihnen so helfen, sich zu wandeln oder Gewohnheiten abzulegen, um so ihren Kindern als Vorbild gelten zu können.

Frage 2: *Ich bin Mutter und möchte für meine Kinder notfalls auch auf der Straße für sie und eine gute Zukunft kämpfen. Nun habe ich in der Gralsbotschaft gefunden, dass wir alle verschiedene Möglichkeiten und Aufgaben haben, sodass ich für mich mein innerstes Empfinden bestätigt sehe, mich zu Hause und im Familienkreis um meine Kinder und um Ruhe und Frieden kümmern sollte. Was aber antworte ich meinen Kindern, wenn sie später fragen: »Was hast du in dieser besonderen Zeit gemacht?«*

Für uns Menschen als geistige Wesen ist es wichtig, dies bewusst zu erkennen und unser Verhalten freiwillig darauf einzustellen. In allen Lebensfragen müssen wir nach Überzeugung streben. Wenn wir etwas ohne Überzeugung, sei es auch noch so gut und wichtig, tun, so hat es für uns keinen Wert, fällt auch nicht vollumfänglich in unsere Waagschale des Guten, da das innere Mitschwingen, die

Herzenswärme, also die Überzeugung und damit die Verbindung zu hören Ebenen, fehlt.
Wir unterschätzen bei Weitem noch die Kraft des reinen, guten Wollens, der lichten Gedanken, die sich nicht unmittelbar in der Grobstofflichkeit zeigen, obwohl sie doch den Grundstein und das Fundament jeden guten Wirkens und überhaupt allen Wirkens auf dieser Erde bilden. Besonders dem weiblichen Geschlecht ist die feinere Empfindungsfähigkeit zu eigen, mit der es mittels der feineren Grobstofflichkeit, die durch Gedanken manifestiert wird, eine viel tiefere und letztendlich stärkere Wirkung entfalten kann – stärker, als es jedem Soldaten auf dem Schlachtfeld oder Personen bei Demonstrationen auf der Straße möglich wäre.
Sie, als Mutter, müssen sich zudem noch doppelt überlegen, ob Sie sich irdisch-grobstofflich in unnötige Gefahr, sei es auch gedanklich, bringen müssen, da Sie nicht nur für sich, sondern auch für Ihre Kinder verantwortlich sind.
Das soll heißen, dass sich Frauen und Mütter in jedem Falle aus den verschiedensten, weitreichenden Gründen überlegen müssen, ob sie wirklich in der grobstofflichen Öffentlichkeit streiten wollen.
Sie empfinden, aus unserer Sicht, ganz richtig, dass Sie Ihre Kraft zu Hause für Ihre Kinder und

Familie investieren sollten und von dort aus durch lichte Gedanken und Gebete viel besser und tiefgehender wirken können im Sinne und im Dienste der Allgemeinheit. Außerdem haben Sie ganz recht, dass uns allen verschiedene Aufgaben und Fähigkeiten zu eigen sind, die wir nach bestem Wissen und Gewissen entwickeln sollen und daher nicht alle gleichartig wirken können.
Uns scheint, dass Sie dies alles ganz richtig empfinden, wenn vielleicht auch noch unbewusst. Entwickeln Sie diese Fähigkeit weiter, in dem Sie sie immer wieder mit dem Wissen aus dem oben genannten Werk abgleichen. Dann wird Ihnen beglückende Überzeugung, innere Stabilität und Sicherheit zuteil, von der Ihre zuerst nähere und dann auch weitere Umgebung im besten Sinne profitiert.
Falls Ihre Kinder später einmal wirklich fragen sollten: »Was hast du zu dieser Zeit gemacht?«, können Sie wahrheitsgemäß antworten: »Gesucht und gefunden, was die Welt im Innersten zusammenhält, mit diesem Wissen zur Überzeugung, inneren Stabilität und richtiger Ausrichtung gelangt, und auf dieser Grundlage mit allen mir zur Verfügung stehenden Mitteln für uns alle die Kanäle für das Gute, Schöne und Lichte bereitet und instand gehalten.«

Frage 3: *Was kann ich tun, um meinen Kindern zu helfen, später ihren Weg als Erwachsene zu finden und richtig zu gehen?*

Alle zurzeit auf der Erde inkarnierten Seelen sind Seelen, die schon viele Inkarnationen erlebten und auch im Jenseits, zwischen den Inkarnationen, viel erleben und lernen durften. Diese Seelen sind nicht »neu« bei ihrer Geburt, sondern bringen geistige Werte, Wissen, Stärken, jedoch auch Schwächen mit in dieses neue Erdenleben. Es handelt sich um einen neuen Abschnitt auf einem langen Entwicklungsweg.
Ein wichtiger Punkt wird in der Gralsbotschaft erwähnt, nämlich, dass der Geist der Kinder, bis sie Jugendliche sind, noch nicht voll mit dem Körper verbunden und das Erleben dadurch noch nicht selbstständig und verantwortungsbewusst ist. Dass während dieser Zeit die Aufgabe der Eltern vor allem darin besteht, die Kinder zu schützen und zu leiten, ihnen das nötige irdische Rüstzeug sowie eine solide geistige Grundlage für einen guten Start ins Leben als Erwachsene zu vermitteln. Als solche treffen sie dann, mit ihrem freien Willen, eigene Entscheidungen, gehen ihren eigenen Weg, können aus Erfahrungen und gemachten Fehlern lernen und so ihren eigenen Lebensweg

und ihr persönliches Schicksal gestalten.
Die Eltern ihrerseits sollten oder müssen lernen, dass es nun nicht mehr ihre Aufgabe ist, das Leben ihrer Kinder zu steuern und zu beeinflussen, ihnen möglichst alle Hindernisse aus dem Weg zu räumen und ihnen stets mit gutem Rat zur Seite zu stehen. Wünschen sich die Eltern eine weiterhin gute Beziehung zu den Kindern, so müssen sie »loslassen«. Dann werden sich die – erwachsenen – Kinder von sich aus eher um Rat und Unterstützung an die Eltern wenden und Hilfe suchen, wenn es ihnen nicht gut geht. Die Beziehung ist dann eine andere, neue geworden, nicht mehr als Erzieher und Kind, sondern es kann sich dann eine Freundschaft entwickeln, unter gleichwertigen Erwachsenen.
Wie sich dies auch bei Freundschaften zeigt, so sind wir nicht immer einverstanden mit der Art, wie Freunde eine Situation einschätzen, oder mit bestimmten Entscheidungen, die sie treffen. Bitten sie um unsere Meinung, so werden wir diese natürlich auf eine freundliche und unterstützende Weise geben, wobei wir versuchen sollten, nicht verletzend zu sein, aber auch bereit sein müssen, anzunehmen, dass unsere Freunde vielleicht nicht dem gegebenen Rat entsprechend handeln.
Vermag man eine solche Einstellung auch in

Bezug auf erwachsene Kinder zu haben, so ist dies etwas sehr Schönes, Aufbauendes und Beglückendes. Außerdem werden die Eltern auch feststellen können, dass dadurch, dass Kinder und Eltern nun auf gleicher Ebene miteinander umgehen, auch die Kinder viel zu geben haben. Dies führt zu einem für alle bereichernden Austauschen.
Dies setzt allerdings voraus, dass die Eltern eine sichere geistig ausgerichtete Basis haben. Etwas, das erlaubt, mit Zuversicht den Alltag zu bewältigen und mit Vertrauen in die Zukunft zu blicken. Empfinden unsere Kinder diese echte innere Stärke, so gibt ihnen dies einen festen Halt. Er ist auch dann vorhanden, wenn später Zeiten kommen, in denen unsere Kinder einiges infrage stellen und sich Diskussionen ergeben. Wenn wir dafür sorgen, dass sie bei uns immer ein offenes Ohr und geduldiges Zuhören finden, so ist es für sie auch das Natürlichste, im Falle von Ängsten, Not oder Sorgen zu uns zu kommen.
In dem Sinne können wir unsere Kinder behutsam auf das Leben als verantwortungsbewusste Erwachsene hinführen und, wenn die Zeit dafür gekommen ist, auch getrost loslassen und ihren eigenen Weg gehen lassen.

Frage 4: *Wir haben vor einigen Wochen ein behindertes Baby bekommen. Schon die Schwangerschaft und die Geburt waren sehr schwierig, jetzt aber schaffe ich es kaum, meine Kinder zu Hause zu betreuen und das Baby im Krankenhaus zu besuchen. Natürlich liebe ich auch dieses Kind und möchte alles möglich machen, aber zurzeit weiß ich nicht, wie es für uns in dieser Situation weitergehen kann.*

Die geschilderten Umstände sind sicher nicht leicht, und es scheint manchmal fast unmöglich, allem und allen gerecht zu werden. Versuchen Sie dennoch, und das gilt besonders in schwierigen Situationen, sich in Erinnerung zu rufen, dass, je größer der Druck von außen wird, auch die innere Stärke zunehmen und mindestens diesem entsprechen muss, sonst würde der Bedrückte nicht nur innerlich und äußerlich verformt werden, sondern mit der Zeit zerbrechen. Das passiert schicksalshaft nicht, sofern wir die uns gebotenen Gelegenheiten zur inneren Reifung voll nutzten und bereitstehende Hilfen erkennen und annehmen.
Je schneller die äußere Entwicklung erfolgt und je höher der Druck von außen ist, je schneller muss natürlich nach rein physikalischen Gesetzen der innere Gegendruck, also die innere Stabilität, gleichziehen. Je offensichtlicher und

je rasanter sich diese entwickelt, je wertvoller ist der innere Mensch, sofern er die ihm gestellten Aufgaben beziehungsweise das (normalerweise selbst erzeugte) Schicksal annimmt und meistert.

Natürlich wünschen Sie sich einen normalen Familienalltag und Beständigkeit, aber wenn Sie die Dinge ganz unbefangen und nüchtern betrachten, so sind es doch gerade die herausfordernden Zeiten, also das »sich immer wieder auf etwas Neues einstellen müssen«, die uns über uns selbst hinauswachsen lassen, die uns eine neue, höhere Sicht auf die Gegebenheiten eröffnen. Genau diese Lebensumstände und auch Widerstände sind es, die uns den Anstoß geben, um nach einem höheren Sinn und Zweck zu fragen, ihn zu suchen und letztendlich auch zu finden, womit sich schlussendlich selbst die schwierigsten Zeiten rückblickend als Segen erweisen können.

Wenn Sie mit anderen Eltern, die sich in einer Ihrer ähnlichen Situation befinden, sprechen, werden Sie sicher häufig nach Jahren hören, wie unsagbar schwer, aber auch bereichernd gerade die Erfahrungen in der Sorge und Pflege eines behinderten Kindes (gewesen) sind. Die meisten Eltern berichten, dass sie im Nachhinein nicht mehr wissen, wie sie das alles schaffen konnten, dass sie aber die Zeit gerade

mit dem speziell pflegebedürftigen Kind und die besonderen Lebensumstände keinesfalls missen möchten, dass es letztlich das Beste (wenn vielleicht auch das Schwerste) war, was ihnen passieren konnte. Sie sind häufig dem Schicksal oder – je nach Weltanschauung – der höheren Macht dankbar für dieses Kind und die damit verbundenen Lebenserfahrungen.
Auch Sie, da sind wir uns sicher, werden einst das Gleiche sagen können und unterdessen bei dafür geöffnetem Herzen immer zur rechten Zeit Hilfe und Unterstützung erfahren, denn Sie sind nicht allein und dürfen jederzeit um Hilfe und Kraft bitten!

Frage 5: *Wir wünschen uns ein Kind. Ist dies jedoch in der heutigen Zeit richtig und verantwortbar?*

Es stimmt: Befasst man sich aus verstandesmäßiger oder irdischer Sicht mit der Frage, ob es in der jetzigen Zeit richtig sei, sich bewusst ein Kind zu wünschen und die Gelegenheit für eine Inkarnation herbeizuführen, so bleiben Fragen und Zweifel. Wenn wir uns jedoch dieselbe Frage aus geistiger Sicht stellen, so finden wir weiter greifende und klare Antworten.
Wie in dem Werke »Im Lichte der Wahrheit,

Gralsbotschaft« erläutert, sind alle Seelen, die sich zurzeit auf der Erde inkarnieren, »alte« Seelen, die schon viele Inkarnationen erlebten und die sich unter Umständen auch durch falsche Entscheidungen und Handlungen in früheren Leben belasteten und sich, um in lichtere Höhen aufsteigen zu können, von diesen karmischen Fäden durch Erleben, Erkennen und Ablösen befreien müssen.

Eines der geistigen Gesetze besagt, dass sich jeder Ring da schließen muss, wo sich seine Ursache befindet. Also bei etwas, das auf der Erde in die Welt gesetzt oder »gesät« wurde, es auch im Irdischen geerntet werden muss. So gibt es Seelen, die ins Irdische zurückkommen müssen, um sich von hindernden Banden zu befreien, bevor sie aufwärts schreiten können.

In der Gralsbotschaft wird auch erklärt, dass das Erleben in der groben Stofflichkeit, also auf Erden, besonders intensiv ist, dass ein geistiges Reifen hier durch die Möglichkeit eines vielfältigen Erlebens begünstigt wird.

Gerade die heutige Zeit mit all ihren Belastungen bietet für uns Menschengeister eine unendliche Vielfalt an starkem und manchmal auch erschütterndem Erleben – etwas, das uns Gelegenheit bietet, ja uns sogar drängt, unsere geistigen Gaben zu entwickeln und zu festigen, uns von Falschem zu lösen und dadurch, dass

wir unserer Umwelt und unseren Mitmenschen mit Respekt und liebevoll begegnen, auch vieles ausgleichen und gut machen können.
Wir leben in einer Zeit, in der viele Seelen auf die Erde kommen müssen, um ihren Weg gesetzmäßig weitergehen zu können. Darunter befinden sich auch viele Seelen, die sich nach einem Aufstieg in lichte Höhen sehnen, die jedoch auch durch ihre schon geistig gereifte Art hier auf Erden viel Gutes und Helfendes verbreiten können.

Frage 6: *Kann ein Schwangerschaftsabbruch vor der Inkarnation auch karmisch belastend sein?*

Auch wenn die Seele mit dem Geist als innerstem Kern erst ungefähr in der Mitte der Schwangerschaft inkarniert, so bedeutet dies nicht, dass die Seele nicht schon vorher, unter Umständen bereits ab dem Zeitpunkt der Zeugung, Kontakt zur Mutter und dem sich bildenden Körper aufgenommen hat. Die zur Inkarnierung vorgesehen Seele knüpft Verbindungsfäden zum werdenden Kindskörper, die ab einem bestimmten Zeitpunkt der Seele genug Halt gewähren, die Inkarnation zu vollziehen und dann auch mit dem Körper bis zum irdischen Tod in

Verbindung zu bleiben. Das hat wiederum viel mit dem sich ebenfalls bildenden Blut und schlussendlich der Blutausstrahlung des werdenden Körperchens zu tun, das erst eine bestimmte Reife vorweisen muss, um eine Seele anzuziehen und zu halten.
Erfolgt nun ein willkürlich herbeigeführter Schwangerschaftsabbruch, so reißen alle bis dahin vorhandenen Verbindungsfäden, und die zur Inkarnierung vorgesehen Seele bleibt auf diese Weise verletzt und getäuscht zurück. Sie kann selbstverständlich nicht mehr in den zerstörten Körper inkarnieren und muss auf eine nächste Gelegenheit hoffen und warten.
Die Eltern, die durch die Zeugung schöpfungsgesetzmäßig die Bereitschaft zur Aufnahme einer Menschenseele in ihre Familie signalisierten (wenn alles freiwillig erfolgte) und somit an die Naturgesetzte eine Bitte um Erweiterung der Familie gesandt haben, sind der Seele durch naturgesetzwidriges Handeln nun karmisch schadensersatzpflichtig. Besonders die Mutter, die diesbezüglich die letzte Entscheidung fällt, trägt die Hauptverantwortung und nach einem willkürlichen Schwangerschaftsabbruch auch die Hauptlast des Karmas, das sie an die Menschenseele bindet, die sie zunächst eingeladen, dann aber irgendwo auf der Strecke

einsam und seelisch verletzt zurückgelassen hat.

Frage 7: *Ich habe einen positiven Schwangerschaftstest, fühle mich aber nicht wirklich schwanger und bereit. Da wir schon drei wundervolle, noch kleine Kinder haben, kann ich mir derzeit auch kein viertes Kind vorstellen, ich wäre überfordert und könnte dem kommenden Kinde auch nicht alles bieten, was ihm, meiner Meinung nach, zusteht. Mache ich mich schuldig, wenn ich die Schwangerschaft abbreche?*

Ganz allgemein sollten sich erwachsene Menschen dessen bewusst sein, dass sie mit der Möglichkeit einer Zeugung den naturgesetzmäßigen Wunsch äußern, diejenigen Umstände zu schaffen, um eine Seele als Dauergast in die Familie aufzunehmen.
Niemand bekommt ein Kind, der nicht selbst die Gelegenheit herbeiführt (sollte dies nicht freiwillig geschehen sein, verhält sich die geistige Situation anders).
Aus dem Werke »Im Lichte der Wahrheit, Gralsbotschaft« geht hervor, dass die Inkarnation der Seele etwa in der Mitte der Schwangerschaft erfolgt. Das macht einen selbst herbeigeführten Schwangerschaftsabbruch vor dieser Zeit aber nicht folgenlos.

Nach den Gesetzen der Schöpfung kommt die irdische Möglichkeit zur Zeugung einer Bitte gleich, deren Erfüllung zum Ausgleich Pflichten mit sich bringt. Wenn die damit verbundenen Aufgaben bis zur Reifezeit erfüllt werden, sind allseitige Freude und große geistige Entwicklungsfortschritte wiederum der Ausgleich, also Lohn, für treue Pflichterfüllung. Wer sich diesen selbst erbetenen Aufgaben und damit auch den Entwicklungsmöglichkeiten vorzeitig wieder entzieht, kann sich gegebenenfalls zunächst irdisch herauswinden, die unerfüllten, selbst gestellten Aufgaben aber bleiben offen und müssen unter allen Umständen irgendwann zum Ringschluss kommen. Sie bleiben an der betreffenden Seele als noch nicht abgelöst hängen, und diese kann nicht weiter aufsteigen.
Irdisch übernommene Aufgaben müssen auch im Irdischen erfüllt werden; wenn es nicht in dieser Inkarnation gelingt, so muss unweigerlich eine nächste erfolgen und die Möglichkeit des Ausgleichs bieten. Dann ist es aber deutlich schwerer, überhaupt den Ausgangspunkt der Pflichten zu erkennen, geschweige denn den Ausgleich zu schaffen. In den oft langen Zeitspannen zwischen den Inkarnationen im Jenseits hängen diese unerledigten Aufgaben, auch Karma genannt, der Seele natürlich

weiter an und hemmen diese unter Umständen so sehr, dass sie bis zur Erkenntnis nur dieser einen Tatsache gar nicht weiterkommt. Ja, es beseht sogar die Gefahr, dass sie viel Zeit verliert und durch ihr feinstoffliches Gewicht abgleitet und so schnell weder Aussicht noch Möglichkeit auf eine Inkarnation und damit Ablösung (also Auflösung dieses Karmas) im Irdischen hat.

Wer sich allerdings klar macht, welche Möglichkeiten hier auf der Erde für uns bestehen, und wer erkennt, dass wir Menschengeister durch manchmal vermeintlich kleine Handlungen Anstoß zur Bewegung riesiger Schöpfungskräfte geben, die dazu führen, dass andere Menschengeister bei uns inkarnieren dürfen, wir immer gegenseitig von den damit geschaffenen Möglichkeiten zur Ablösung unseres Karmas und zur förderlichen Weiterentwicklung unserer Anlagen profitieren, kann nicht anders, als staunend ob der Größe und Gnade dieses Schöpfungswerkes Dankbarkeit zu empfinden.

Eine Schwangerschaft, die Geburt und das Kind, das Sie als Gast in Ihre Familie eingeladen haben, bringen sicher neue und zusätzliche Herausforderungen, aber damit auch vielseitige Möglichkeiten und Chancen auf oben genannte Entwicklung und gegenseitige Förderung.

Selbst wenn Sie vermeinen, Ihrem Kind nicht immer das bieten zu können, was Sie sich und dem Kind eigentlich wünschen, so kann auch diese Situation viel Potenzial zur allseitigen innerlichen Reifung beitragen, sofern Sie im besten und reinsten Wollen agieren.
Sie dürfen im Übrigen auch immer um wirklich benötigte Hilfen bitten.
Wir geben außerdem zu bedenken: Wer, wenn nicht Sie, die sich mit höheren Themen befasst, sich liebevoll um die schon anwesenden Kinder kümmert, kann geistigen Boden für Inkarnationen von Menschenseelen bieten, die in der Lage sind, in den kommenden Zeiten der Menschheit aufwärts zu helfen?

Frage 8: *Was kann mir in der heutigen Zeit helfen, meinen Kindern eine gute Mutter zu sein und ihnen eine schöne Kindheit zu bieten?*

Der Wunsch, unseren Kindern eine schöne und unbelastete Kindheit zu ermöglichen und als Mutter möglichst perfekt zu sein, ist ein Wunsch, den die meisten Mütter hegen. Nun zeigt sich die Wirklichkeit jedoch nicht so einfach wie erhofft, es gibt viele Hürden zu nehmen, in vielerlei Hinsicht.
Da alle zurzeit auf der Erde inkarnierten Seelen schon zahlreiche Inkarnationen erlebten und

auch im Jenseits, zwischen den Inkarnationen, viel erleben und lernen durften, bedeutet dies auch, dass die eigentliche Reife des Geistes nicht den Erdenjahren entspricht und demzufolge ein Kind, das in einer Familie inkarniert, genauso viel, manchmal sogar mehr, inneren Reichtum besitzt als seine Eltern.
Wenn wir uns auf das Wissen der Gralsbotschaft stützen, so werden uns zwei Tatsachen bewusst, welche die Beziehungen zwischen Eltern und Kindern grundlegend beeinflussen, nämlich erstens, dass unsere Kinder Seelen sind, die mit der Inkarnation in unserer Familie, jede für sich und auf ihre individuelle Weise, ihre eigene Persönlichkeit, ihre Stärken, aber auch Schwächen mit sich bringt – also etwas, womit sich die Eltern auseinandersetzen müssen. Das zweite wäre, dass wir Eltern, oder Mütter, uns auch auf einem Entwicklungswege befinden, dass wir auch noch vieles lernen, erkennen und ablösen müssen. Also, mit anderen Worten, dass wir gar nicht »perfekt« sein können. Dass wir vielmehr akzeptieren müssen, dass uns nicht alles so gelingt, wie wir es gerne möchten, dass wir, auch bei bestem Wollen, noch Fehler machen …
Wenn sich ein Kind in einer Familie inkarnieren kann, so deshalb, weil dies von den Schöpfungsgesetzen aus gesehen für diese

Seele richtig ist. Zunächst einmal natürlich in Bezug zu den Eltern und Geschwistern, zum anderen aber auch zu den äußeren Umständen, wie es beispielsweise das politische Umfeld, die sozialen Gegebenheiten, auch Familienmitglieder, sogar Nachbarn und Bekannte, sein können. All dies ermöglicht ein sehr vielfältiges Erleben für die auf die Erde kommende Seele, ein Erleben, das für diese zum inneren Reifen hilfreich und nützlich ist.

Ein Kind kann während seiner frühen Jahre schon viel lernen. Dank der familiären Vorbilder kann es Fehlverhalten hinter sich lassen, sich Neuem öffnen ... Als Mutter ist es wichtig, das Beste für unsere Kinder zu wollen, allerdings ohne sie dabei »in Watte zu packen«. Jedoch sollte man immer aufmerksam und auf liebevolle Art für sie da sein, wann immer sie uns brauchen, und sie beim Entfalten der geistigen Fähigkeiten unterstützen – etwas, das für eine arbeitende Mutter nicht immer möglich ist. Dies ist eine der Schwierigkeiten der heutigen Zeit, die so viel Falsches enthält, Falsches, das sich nur ändert, wenn wir es als solches erkennen und den Wunsch empfinden, unser Leben anders zu gestalten. Auch dieses Erleben kann sich für die Kinderseelen, die sich in der heutigen Zeit auf der Erde befinden, als Hilfe erweisen.

Ein weiterer wichtiger Aspekt ist, dass der Geist der Kinder bis zu dem Zeitpunkt, wo sie Jugendliche werden, noch nicht voll mit dem Körper verbunden und das Erleben dadurch noch nicht selbstständig und verantwortungsbewusst ist. Während dieser Zeit besteht die Aufgabe der Eltern vor allem darin, den Kindern das nötige irdische Rüstzeug sowie eine solide geistige Grundlage für einen guten Start ins Leben als Erwachsene zu vermitteln. Als solche treffen sie dann, mit ihrem freien Willen, eigene Entscheidungen, gehen ihren eigenen Weg, können aus Erfahrungen und gemachten Fehlern lernen und so ihren persönlichen Lebensweg und ihr individuelles Schicksal gestalten.

Was wir unseren Kindern immer und vorbehaltlos geben können, ist die echte, uneingeschränkte Liebe. Die Liebe, die als Erstes an das Beste der Kinder denkt, die, soweit möglich, keine Mühen scheut, um unsere Kinder zu stützen, zu führen und sie zu leiten, damit sie später als Erwachsene ihren Lebensweg sicher und getrost werden schreiten können.

Frage 9: *Die Beziehung zu meiner Tochter ist sehr schwierig, obwohl ich mir eine harmonische Beziehung wünsche, ergeben sich immer wieder neue Konflikte.*

Familien, wie wir sie hier während einer irdischen Inkarnation erleben, sind, vom Geistigen her gesehen, keine Einheit, sondern setzen sich aus individuellen Einzelmenschengeistern zusammen. Geben die Eltern einer Seele die Gelegenheit, in ihrer Familie zu inkarnieren, zieht ein »fremder Gast« ein, eine Seele, die durch die Kinder- und Jugendjahre gerade in dieser Familie viel erleben und lernen, jedoch auch ablösen kann, genauso wie die Eltern auch.

Es gibt zwei Schöpfungsgesetze, die einer Inkarnation zugrunde liegen: das Gesetz der Anziehung der Gleichart und das Gesetz der Wechselwirkung.

Durch das Gesetz der Anziehung der Gleichart können Gaben und Talente (wie zum Beispiel künstlerischer Art) durch gegenseitiges Verständnis gefördert und unterstützt werden. Jedoch können auch Schwächen und Fehler als Anziehung dienen. Wie können wir daraus lernen, wenn wir doch darunter leiden werden? Wie in der Gralsbotschaft beschrieben, kann man gerade dadurch, dass wir mit jemandem zusammenleben, der eine unserer Schwächen teilt und über das Familienleben die sich daraus ergebenden Konsequenzen an uns selbst erleben müssen, spüren, wie schmerzhaft dies sein kann. Es kann dazu führen, dass wir uns bemühen werden, so etwas niemals jemandem andern antun zu wollen.

Hat jemand dieselben Schwächen oder Fehler wie wir, so wirkt das störend. Haben wir den Willen, uns zu bessern, so kann uns dies dazu veranlassen, uns selbst an die Hand zu nehmen, um so zu versuchen, unsere Fehler abzulegen und, besonders in einer Familie, ein Vorbild zu werden.

Wurde die Anziehung der Seele durch das Gesetz der Wechselwirkung bestimmt, so könnte es auch sein, dass die Probleme mit Ihrer Tochter schon vor der jetzigen Inkarnation existierten, also ihren Ursprung in einem früheren Leben haben. Dadurch, dass Sie beide nun, wenigstens während der Jugendjahre, verpflichtet sind, in engem Kontakt miteinander zu leben, jedoch auch gleichzeitig die Mutter-Tochter-Liebe als fördernde Basis vorhanden ist, ergibt sich somit die Gelegenheit, manches abzulösen, auszugleichen, vergangenes und in diesem Leben unbewusstes Unrecht zu verzeihen durch das Alltagsgeschehen in der Familie.

Damit dies gelingt, bedarf es natürlich des –

ebenfalls meist unbewussten – guten Wollens beider Parteien. Ist dieses nicht vorhanden oder nur bei einem der Beteiligten gegeben, kann es schwierig werden, die Beziehung als Erwachsene auf eine aufbauende, friedliche und wohltuende Ebene zu bringen.
Hier kann ein Hinweis aus der Gralsbotschaft helfen: nämlich der, dass die erwachsenen Kinder ihre eigenen Wege gehen dürfen und auch sollen. Dass wir als Mütter zu diesem Zeitpunkt loslassen dürfen, um anschließend unser eigenes Leben gewollt und auf friedliche, aufbauende Weise weiterzuführen. Dies bedeutet, dass, wenn in der Familie kein Verständnis und keine Harmonie herrschen, es richtiger und natürlicher ist, dass sich eine innere, oft auch äußere Distanz einstellt.
Wir alle, die wir zurzeit auf dieser Erde leben, befinden uns auf einem Entwicklungsweg. Wir sind nicht perfekt, wir können noch Fehler machen. Wenn wir uns jedoch bemühen, aus diesen Fehlern zu lernen, so wirkt dies fördernd auf unserem Weg nach oben. Will uns jemand auf diesem Wege bremsen, vielleicht, indem er uns immer wieder in Konflikte verstrickt, so wirkt sich dies weder aufbauend noch wohltuend aus und wir säen nichts Gutes, was anschließend zu einer entsprechenden Ernte, also einem belastenden Karma, führen wird.

Kapitel 3 · Das Gebet

Frage 1: *Ich habe Mühe, in diesen bewegten Zeiten die innere Ruhe und den Glauben an das Gebet zu finden. Was kann ich tun, um dies zu verändern?*

In diesen schweren und unruhigen Zeiten ist das tief empfundene Gebet eine große Hilfe. Jedoch ist das Sichöffnen nach oben, wie Sie es schildern, nicht selbstverständlich. Die Ursache liegt darin, dass wir schon lange in einer verstandesmäßig orientierten Welt leben. Alles, was mit dem Verstand oder dem Intellekt in Verbindung steht, wird gefördert und oft auch bewundert.

Der Verstand ist jedoch dem Körper zugehörig und kann die vom Geiste stammende Empfindung bedrücken oder gar verdrängen. Der Verstand ist für das praktische Leben im Irdischen gedacht, hat also kein »Verständnis« für Überirdisches. Der Geist hingegen steht für Überirdisches, hohe Werte wie Gerechtigkeit, Respekt, Edles, Liebe ...

Nur der Geist kann ein Gebet zutiefst erleben. Solange der Verstand in unserem Bewusstsein vorherrscht, kann ein Gebet vom Geiste nicht tief empfunden werden. Damit dies möglich ist, müssen wir unseren Geist wecken und stärken, damit er erneut die Oberhand über den Verstand gewinnt – etwas, das sich auf das ganze Leben berichtigend und wohltuend auswirken wird, jedoch vor allem dazu verhilft, sich nach oben, dem Lichte entgegen, öffnen zu können.

Um dem Geist zu helfen, in uns stark zu werden, müssen wir uns mit dem beschäftigen, was zum Geistigen gehört: also den hohen geistigen Werten wie Nächstenliebe, Sehnsucht nach Schönheit, Gerechtigkeit, Liebe ...

Eine weitere Möglichkeit besteht darin, sich mit geistigem Wissen zu befassen, wie dies in dem Werke »Im Lichte der Wahrheit, Gralsbotschaft« dargelegt ist. Um den Ausführungen in diesem Werke folgen zu können, benötigen wir unseren Geist, der dadurch erstarken kann.

Ein wacher und starker Geist wird sich dem Gebet nicht nur öffnen können, sondern er wird auch das tiefe Bedürfnis empfinden, sich im Gebet nach oben mit dem Lichten zu verbinden.

Frage 2: *Ich kann nicht beten, obwohl ich es möchte. Außerdem sehe ich nirgendwo etwas Helles und Gutes. Warum? Was kann ich tun?*

Bezüglich des Betens kann man sich dazu natürlich nicht zwingen. Dies ist auch wahrlich nicht geraten, da es zum einen nicht ehrlich wäre und deswegen zum anderen auch keinerlei Hilfe bringen kann. Aber schon der wirklich empfundene Wunsch dazu kann förderlich sein und zeigt, dass Sie in die richtige Richtung blicken. Auch, dass Sie beschreiben, »das Beten nicht zu können«, deutet darauf hin, dass Sie ehrlich sein wollen und um das Gute in sich und um sich ringen.

Dazu sei angemerkt, dass, sobald sich ein Mensch entscheidet, eine andere, vielleicht sogar gegensätzliche Richtung im Leben einzuschlagen, er natürlich immer noch auf dem bisher gegangenen Wege steht und nunmehr die Strecke, die er bisher falsch gegangen ist, wieder zurücklegen, also genauso hinter sich lassen muss, so wie er dorthin gelangt ist. Auf diesem Weg findet er selbstverständlich und naturgemäß alle Hindernisse und unschönen Dinge wieder. Der einzige Vorteil ist, dass er in die nun richtige Richtung gewendet ist und den Weg mit den unschönen Begebenheiten bereits kennt, sie also besser überwinden kann. Des Weiteren stehen ihm alle förderlichen und hilfreichen Kräfte zur Seite, sobald er sich für das schöpfungsgesetzmäßig Richtige und Förderliche entschieden hat.

Sie können es sich ganz praktisch so vorstellen: Sie wollen auf einen hohen Berg steigen, sehen über sich den Gipfel aber nicht mehr, weil eine dicke, dunkle Wolkenschicht schon nahe des Punktes beginnt, an dem Sie sich befinden. Wenn Sie die Reise in die gewünschte Richtung nach oben beginnen und den Kurs beibehalten, müssen Sie leider trotzdem diese dicke, dunkle Wolkenschicht (im übertragenen Sinne selbst erzeugt) durchqueren, um den gewünschten Gipfelpunkt zu erreichen. Sobald Sie in die Wolkenschicht eingetreten sind, werden Sie den Boden und alles darauf Befindliche kaum noch und schließlich gar nicht mehr sehen, dann bald nur noch eine dicke, dunkle Nebelschicht. In diesen Momenten könnte man sogar befürchten, dass weder unten noch oben etwas Gutes vorhanden ist, man sieht kein Vorwärtskommen in irgendeine Richtung und kann sich schon gar nicht vorstellen, dass in kürzerer oder längerer Zeit die Sonne über den Wolkenschichten zum Vorschein kommen könnte. Dennoch ist es schließlich so, dass, egal wie dick die Nebeldecke auch sein mag, irgendwann die Sonne über den Wolken scheint. Sobald die Schichten durchquert sind und man sich über den Wolken befindet, ist es wiederum schwerlich vorstellbar, wie alles darunter Befindliche angemutet hat. Dann kann man kaum noch verstehen, dass man jemals am Guten und Schönen zweifeln konnte.

Dieser kleine gedankliche Ausflug mag eventuell hilfreiche Hinweise oder Sinnbilder geben für tatsächlich gefühlte Krisensituationen.
Zurück zu Ihrem Thema: Vielleicht befinden Sie sich derzeit – im übertragenen Sinne – in der dunklen Wolkenschicht, aber Sie möchten aufwärts in Richtung Klarheit, Weitsicht, Wärme und Schönheit steuern. Dieser Wunsch wird bei gutem Wollen die Richtung vorgeben, die Sie dann nur halten müssen.
Wenn Sie noch nicht wirklich beten können, so könnten Sie aber versuchen, sich das gewünschte Gute intensiv vorzustellen, bei einer Kerze und warmen Tee hilfreiche Gedanken bewegen, Musik hören oder ein tiefgründiges Buch lesen oder auch etwas Praktisches und Hilfreiches für andere Menschen oder Tiere arbeiten.

Frage 3: *Mich quälen oft destruktive Gedanken, und ich frage mich, warum Gott das alles zulässt. Deswegen gelingt es mir (noch) nicht, mich vertrauensvoll ins Gebet zu vertiefen.*

Wer die Kraft, die uns und alle Schöpfung nicht nur erschaffen hat, sondern das Bestehen und die Fortentwicklung unterhält, bewundernd anerkennt und sich freut, dass wir trotz der offensichtlichen eigenen Kleinheit und

unbedeutenden Existenz im Verhältnis zum uns erfassbaren Universum leben und in unserer begrenzten Dimension Erfahrungen sammeln dürfen, hat schon vieles für sich gewonnen.
Unsere eigenen, uns groß und wichtig erscheinenden Schwierigkeiten des derzeitigen Lebens und Erfassens sind schon im Hinblick auf die Probleme unsere Mitmenschen in der näheren oder ferneren Nachbarschaft bei sachlicher Prüfung oft wenig nachvollziehbar, wie viel mehr noch im Vergleich zu den selbstgemachten Schwierigkeiten der Menschheitsfamilie oder dem, was wir der Erde und ihren Mitbewohnern (Pflanzen und Tieren) antun. Wie sieht das Ganze aus dem Weltall betrachtet aus?
Zur kleinen Verdeutlichung: Was würden Sie jemandem sagen, der des Lesens mächtig ist und auch die Führerscheinprüfung bestanden hat, anschließend dann trotz aller mündlichen und schriftlichen Warnungen mit seinem geliehenen Auto in die Wüste fährt und sich danach beschwert, dass er in einer Düne stecken geblieben ist und nur Hitze und Sand vorfindet? Ist dann der Fahrlehrer schuld oder der Autoverleih? Wer müsste den Schaden verantworten und begleichen?
Wenn wir uns klarzumachen versuchen, wo

wir uns als Menschen im Gesamtbild befinden, was überhaupt unser selbst gewähltes Ziel sein soll, wie wir gedenken dorthin zu kommen und was unsere Aufgabe und Verantwortung dabei sind, dann würde schon allein damit einiges zum Guten gewendet worden sein und wir würden nicht haltlos umherirren. Dabei können uns viele wertvolle Schriften aus verschiedenen Religionen, Weltanschauungen oder auch schlicht die Kenntnis der Schöpfungsgesetze helfen, die sich auch in allen Naturwissenschaften finden.
Wer nicht aufrichtig beten kann oder will, könnte zum Beispiel in dieser Zeit trotzdem hilfreiche Gedanken in sich bewegen. Schon eine gute Tat am Tag, die unseren Mitmenschen, den Pflanzen oder Tieren nützt, kann vom Grübeln oder destruktiv wirkenden Jammern ablenken und sich selbst und anderen helfen ...

Frage 4: *Wie betet man richtig?*

Wenn wir an das Gebet denken und abends vor dem Einschlafen ein Gebet nach oben senden, so sollten wir als Erstes Dank empfinden für all die guten Dinge, Erfahrungen und Erkenntnisse, die uns an diesem Tage zuteil wurden.
Natürlich dürfen wir im Gebet auch um Hilfe

bitten. Dabei müssen wir uns jedoch im Klaren sein, wem wir unser Bitten senden, nämlich zum allmächtigen Schöpfer, der in unvorstellbaren Höhen über uns steht. Sind wir uns dessen bewusst, so zeigt es sich von selbst, wie wir bitten dürfen, nämlich nur um Hilfe, um unsere Situation so gut und richtig wie möglich bewältigen zu können, darum, dass wir Lehren aus dem Erleben ziehen und unseren Lebensweg möglichst aufbauend für uns und unsere Umwelt zu gehen vermögen.
Dabei ist auch klar, dass wir in unserem begrenzten Erdenleben nicht über den nötigen Überblick verfügen, um genau zu wissen, was im Konkreten nötig und richtig ist für uns sowie für die Frage, wie sich das Gute und das Lichte wiederum auf dieser Erde, zum Besten der Natur, der Tiere, aber auch der Menschen ausbreiten kann. Es geht vielmehr darum, dass wir uns vertrauensvoll von den uns umgebenden Hilfen leiten lassen dürfen.

Frage 5: *Mein Kind soll für den Schulunterricht aus meiner Sicht sehr fragwürdige Lektüre lesen und dazu Aufgaben erfüllen. Ich kann das nicht gutheißen und möchte meinem Kind viel eher die Natur und ihre Gesetze erleben und über das Gebet auch Verbindung mit dem Schöpfer suchen lassen. Was sollte ich dabei beachten?*

Kindern altersentsprechend dieses Wissen und auch das Gebet nahezubringen, ist eine wertvolle Hilfe für die in Bezug auf das Erdendasein erwachende Seele. Dies sollte auf eine natürliche, für das Kind nachzuempfindende Weise geschehen. So werden Kinder, die einen natürlichen »wesenhaften« Schutz in ihrer Kindheit und Jugend genießen, auch für den Übertritt ins Erwachsenenalter und der damit einsetzenden eigenen Verantwortung so gestärkt, dass sie im Vertrauen auf die Schöpfungsgesetze und damit auf Gott auch die von Ihnen beschriebenen Angriffe auf ihre Seele unbeschadet überstehen können. Es kann, richtig und klar durch die Eltern begleitet und aufgefangen, sogar den Geist des Kindes, der nicht ohne Grund zur jetzigen Zeit und unter diesen Umständen auf der Erde ist, helfen, die Gefahren frühzeitig zu erkennen. Kinder können so wissend und durch den Schutz und die Stärkung der Eltern rechtzeitig solche Gefahren innerlich abwehren. Durch den Aufbau der inneren Wachsamkeit und Abwehr der erkannten seelischen Gefahren und Angriffe können sie wachsam und gestärkt gegebenenfalls sogar früher und wirksamer solcherlei seelisches Sumpfgelände und menschliche Abgründe erkennen, entsprechend reagieren und sich schützen.

Wichtig ist, dass ihr nahes Umfeld, dem sie vertrauen, sie wissen lässt, dass und warum die von Ihnen geschilderten Begebenheiten überhaupt nicht »normal« sind, sondern als niedrig, schmuddelig, für gebildete Menschen nicht hilfreich sowie unwürdig bezeichnet werden müssen und für die innere Entwicklung gerade noch als Beispiel dafür gelten können, wovor man sich und andere schützen muss.
Wir schätzen es als richtig ein, dass Sie zumindest im Rahmen Ihrer Möglichkeiten versuchen, dagegen vorzugehen, so dass Ihr Kind sieht und lernt, dass man nicht alles kritiklos entgegennehmen muss. Sich im gebotenen Umfang und mit angemessenen Mitteln sogar äußerlich zu Wehr und ein Zeichen zu setzen, wenn die geforderten Lerninhalte nicht mit den Schöpfungsgesetzen übereinstimmen, soweit man sie selbst schon zu überblicken fähig ist, kann stärkend und eventuell sogar auch für andere hilfreich und vorbildlich sein.

Kapitel 4 · Der Glaube

Frage 1: *Ich lese regelmäßig in den drei Bänden »Im Lichte der Wahrheit, Gralsbotschaft« und glaube fest an die Naturgesetze, aber es fällt mir schwer in diesem Sinne zu leben, ohne mich immer wieder gegen Gott zu wenden.*

Ganz am Anfang der von Ihnen genannten drei Bände, direkt im ersten Vortrag, heißt es sinngemäß, dass, wer in sich festes Wollen zu dem Guten trägt und sich um reine Gedanken bemüht, den Weg zum Höchsten schon gefunden hat. Diesem wird dann alles Weitere zuteil, er braucht dann nicht zwingend ein besonderes Studium, keine Askese oder Vereinsamung. Durch das gute Wollen und mittels reiner Gedanken werden wir gesund an Körper und Seele, werden befreit von der Bedrückung durch krankhafte Grübelei.
Anschließend kommen die Erklärungen und Hinweise, die uns die Schöpfungsarchitektur nahebringen und auf alle Lebensfragen eine Antwort geben.
Wer die Schöpfungsgesetze wirklich begriffen hat und tatsächlich nach ihnen lebt, kann sich niemals dadurch gegen Gott wenden, da diese Gesetze aus ihm hervorgegangen sind und seinen Willen tragen. Der Schöpfer gibt

uns durch sie zu verstehen, wie wir uns zu verhalten haben, außerdem lenken und leiten uns diese Gesetze im Wandel unseres Seins im letzten Ringschluss immer auf den richtigen Weg, sofern wir diesen auch wirklich erreichen wollen.
Sollte es Ihnen wieder einmal schwer werden, so dass Sie verzagen möchten und in Grübeleien verfallen, denken Sie an die Kraft des guten Wollens und die Macht der Reinheit der Gedanken und alles wird sofort leichter, da Sie sich wieder Ihres eigenen guten Wollens bewusst werden und sich zumindest in diesen Momenten sofort die Reinheit der Gedanken einstellt.

Frage 2: *Ich bin gläubige Christin. Wie kann ich das Vertrauen in dieser turbulenten Zeiten behalten? Was kann ich dazu beitragen, dass es wieder besser wird?*

Wir befinden uns in einer unruhigen und schwierigen Zeit, wir wissen nicht, in welche Richtung sich die Ereignisse entwickeln und was noch auf uns zukommen wird. Das ist ein Zustand, der uns natürlicherweise verunsichert und Ängste verursacht.
Doch gerade hier sollten wir wachsam sein. Ängste und Sorgen wirken bedrückend und

lassen wenig Platz für Zuversicht und Vertrauen. Es sind jedoch gerade die Zuversicht und der vertrauensvoll nach oben gerichtete Blick, die uns Mut und Kraft verleihen. Sie geben uns die Möglichkeit, das Gute und das Richtige zu erkennen und zu nutzen. Sie helfen uns auch in jeder Situation, eine aufbauende Haltung zu bewahren und entsprechend zu handeln.

Als gläubige Christin wissen Sie von der Existenz des Schöpfers, dessen vollkommenes Wirken sich in der ganzen Schöpfung mit Liebe und Gerechtigkeit zeigt.

Die drei Bände des geistigen Werkes »Im Lichte der Wahrheit, Gralsbotschaft« stehen in vollem Einklang mit der unverbogenen Lehre Christi. In diesem Werk werden die für uns so wichtigen und richtungsweisenden Schöpfungsgesetze umfassend dargelegt. Sie helfen uns zu erkennen, dass alles gesetzmäßig verläuft, nichts dem Zufall überlassen ist und jeder unumgänglich das erntet, was er säte. Das ist etwas, das wir als selbstverständlich in Bezug auf die Natur annehmen (wenn man Weizen sät, erntet man auch Weizen), jedoch selten realisieren, wenn es sich um unser Schicksal und unser Leben handelt.

Noch eine wichtige Erkenntnis vermittelt uns dieses Werk: die Existenz der Reinkarnation. Nimmt man die Reinkarnation als eine natürliche Tatsache an, so lösen sich viele Fragen und scheinbare Ungerechtigkeiten. Alles wird logisch, klar und nachvollziehbar.

Was können wir tun, damit sich alles zum Besseren wendet? Das Wichtigste ist die Erkenntnis, dass etwas nicht in den Schöpfungsgesetzen Schwingendes auch nicht aufbauend in dieser Schöpfung wirken kann.

Wie können wir dies erkennen? Zum einen mit einem offenen Geist und einer wachen Empfindung, was allerdings nicht immer leicht fällt. Zum anderen besteht die Möglichkeit, dass wir mit dem falsch Gesäten konfrontiert werden. Das bringt natürlich Leid, Kummer und Schmerz – also etwas, das nicht sein müsste, wenn der Menschengeist von sich aus sich dem Willen des Schöpfers fügen würde. In dem Sinne kann man sagen, dass diese schwierigen Zeiten auch als Hilfe angesehen werden können. Denn sie regen zum Nachdenken an und wecken die Sehnsucht nach einem besseren, richtigeren Leben.

Wir befinden uns auf dem Weg in eine neue Zeit; wie weit dieser Weg ist, wie lange es dauern wird, bis alles besser wird, ist etwas, das niemand weiß. Wichtig ist, dass wir diesen Weg in rechter Weise, geführt von Gottvertrauen und geleitet von den Schöpfungsgesetzen, gehen.

Richten wir lichte, helfende und heilende

Gedanken, auch Gebete um Hilfe und Heilen, auf die Stellen des Leidens oder des Falschen, so wirken diese Gedanken und auch Worte aufbauend, stärkend und abwehrend allem Dunkel gegenüber. Je mehr Menschen sich in dieser Weise bemühen, umso lichter kann es um uns werden.

Kapitel 5 · Der Tod

Frage 1: *Wie kann ich jemanden, der mir nahestand und hinübergegangen ist, trotz des Schmerzes loslassen? Was kann mir dabei helfen?*

Sind wir uns bewusst, dass alles Natürliche, wie beispielsweise Geburt und Tod, in den Schöpfungsgesetzen schwingt und vom Schöpfer gewollt ist, dem Schöpfer, der, wie wir wissen, Liebe ist, so können wir auch erkennen, dass es nicht sein kann, dass etwas von ihm Gewolltes und zu unserem Dasein Gehörendes uns auch Schmerz verursachen wird. Anders ausgedrückt, kann man es auch so sehen, dass, wenn uns ein natürliches Ereignis schmerzt, dies an uns, unserer Einstellung oder unserem mangelnden geistigen Wissen liegt.
So ist das Ende eines Erdenlebens, wenn es auf natürliche Weise zu Ende geht, nicht etwas Schmerzliches für die betroffene Seele, die sich nun für ein neues Leben, neue Aufgaben und neues Erleben im Jenseits vorbereitet. Wenn die Stunde des Hinübergehens am Ende eines an Erlebnissen reichen Lebens kommt, frohen und auch schweren, die jedoch alle zur Reifung des Geistes, zum Erkennen von Falschem und vielleicht auch Ablösen von vergangenen

Fehlern führten, so ist dies für die abscheidende Seele ein Vorwärtskommen.
Für den, der gehen darf, ist der irdische Tod ein Neuwerden, also eine Geburt in der jenseitigen Welt – etwas, dessen er sich, wie dies hier auf Erden bei einer irdischen Geburt der Fall ist, freuen kann. Für die Zurückbleibenden jedoch ist es natürlich ein Abschiednehmen. Etwas, das wehtun kann und das man hinauszögern oder gar verhindern möchte.
Es kann schwer sein, loszulassen, was verständlich ist. Sind wir uns jedoch bewusst, dass der Hinübergegangene neuem Erleben zustrebt, Erleben, das hier auf der Erde für ihn nicht mehr möglich ist, so wird es auch leichter, ihn, aus Liebe, seinen Weg gehen zu lassen.
Ist das Weiterleben der Seele zur Überzeugung geworden, so kommt als nächste Erkenntnis, dass die jetzige Trennung nur vorübergehend ist. Denn eines Tages wird auch unserer Weg hier auf der Erde zu Ende sein und wir werden ihn im Jenseits fortsetzen dürfen. Verbindet uns Liebe mit dem Hinübergegangenen, so werden wir uns im Jenseits wiederfinden dürfen.
Ist ein Nahestehender hinübergegangen oder am Hinübergehen, so ist es für die Zurückbleibenden sehr wichtig, dass wir diese Seele gehen lassen und sie durch nichts zurückzuhalten versuchen, denn das ist etwas,

das die scheidende Seele belastet. Wir sollten im Gegenteil versuchen, helfende Gedanken und Empfindungen der scheidenden Seele auf den Weg zu geben, versuchen, ihr zu vermitteln, dass wir wissen, dass es richtig ist, dass sie uns nun verlässt. Auch ein Gebet kann die Seele helfend unterstützen und gleichzeitig auch den Betenden tröstend stärken.

Frage 2: *Kann es sein, dass das plötzliche Hinübergehen nach kurzer Krankheit den Schöpfungsgesetzen entsprechend ist?*

Geht jemand hinüber, ohne dass sich eine Krankheit lange hingezogen hat, so könnte dies bedeuten, dass er sein bisheriges Erdenleben zu Ende gelebt hat, dass für ihn der Moment gekommen ist, seinen Weg im Jenseits fortzusetzen.
Unsere Zeit auf der Erde ist nicht nach Jahren bemessen, sondern sie entspricht dem für die inkarnierte Seele möglichen Erleben. Wenn jemand die Möglichkeiten seiner zu machenden Erfahrungen sowie das Reifen und Erkennen in dieser Inkarnation ausgeschöpft hat, so würde es, würde dieses Erdenleben noch fortdauern, zu einem Stillstand kommen, da die irdischen Gegebenheiten den Entwicklungsmöglichkeiten dieser Seele nicht mehr entsprechen. Um ihren

Weg gewollt und gesetzmäßig weitergehen zu können, muss sie sich ins Jenseits begeben. Hier erwarten sie neue Aufgaben, neue Entwicklungsmöglichkeiten und Erkenntnisse, die anschließend, wenn die Seele dafür reif ist, diese wiederum zu einer Erdinkarnation führen werden.

Wenn jemand, der uns nahesteht, die Erde verlässt, so ist das immer schmerzhaft. Das ist ganz normal und die aus diesem Schmerz entstehende Trauer ist auch etwas, das man nicht unterdrücken sollte, denn sie hilft den Zurückgebliebenen, die Trennung innerlich zu verarbeiten.

Obwohl sich der Betreffende nicht mehr im irdisch wahrnehmbaren Umfeld befindet, bedeutet das kein Ende, im Gegenteil, es wartet im Jenseits ein erfahrungs- und erlebnisreiches Sein auf ihn. Es ist möglich, dass er auf den Ebenen des Jenseits schon abgeschiedene, geliebte Seelen treffen wird und vielleicht sogar wiederum ein Stück Weges mit ihnen gehen kann. Das zu wissen ist eine große Beruhigung, etwas, wofür wir dankbar sein und uns sogar mit ihm freuen können.

In diesem Sinne können gute, liebevolle und unterstützende Gedanken der abgeschiedenen Seele helfen, ihren Weg im Jenseits froh zu gehen. Hilfreich für die Seele, aber ebenso für die Zurückbleibenden, ist das Gedenken an sie durch ein tief empfunden Gebet seitens der Letzteren.

Frage 3: *Darf man um jemanden, der uns nahestand und diese Erde verlassen hat, trauern? Oder wird ihn dies zurückhalten?*

Das Wissen, dass der irdische Tod nicht das Ende bedeutet, sondern nur den Übergang in eine andere Welt, wo das Erleben, Erkennen, Lernen und sich Weiterentwickeln weitergeht, ist eine große Hilfe und Beruhigung für die Zurückgebliebenen. Es schließt jedoch in keiner Weise den Schmerz dieser Trennung aus. Jemand, den wir liebten und der zu unserem Leben gehörte, ist nicht mehr in unserer Nähe, kann nicht mehr angesprochen oder um Rat gebeten oder einfach nur direkt empfunden werden. Deshalb ist es auch ganz natürlich, eine tiefe Trauer zu empfinden.

Diese Trauer dürfen wir zulassen, denn sie gehört dazu und hilft, mit der irdischen Trennung fertig zu werden. Dabei kann helfen, wenn wir versuchen, uns vor allem auf die schönen Momente, die wir gemeinsam erlebt haben, zu konzentrieren.

Ohne eine hinübergegangene Seele zurückhalten oder ins Irdische zurückziehen zu wollen, können wir ihr, indem wir ihr gute und helfende Gedanken senden oder ihrer in einem tief empfundenen Gebet gedenken, auf ihrem Wege helfen – etwas, das auch uns selbst wieder Kraft und Zuversicht verleiht.

Frage 4: *Was kann man jemandem sagen, dessen Kind abgeschieden ist? Das Erdenleben des Kindes war nur kurz und ohne Sinn.*

In dem Werke »Im Lichte der Wahrheit, Gralsbotschaft« wird dargelegt, dass alle zurzeit auf der Erde inkarnierten Seelen schon viele Inkarnationen erlebten und auch im Jenseits, zwischen den Inkarnationen, viel erleben und lernen durften.
So sind die Seelen unserer Kinder keine ganz neuen, frischen Seelen, es sind vielmehr Seelen, die schon viel Erleben hinter sich haben, die auch selbst Karma mit auf diese Erde bringen mit der Möglichkeit, wo nötig, zu erkennen oder abzulösen.
Wenn sich eine Seele hier auf Erden inkarniert, so vollzieht sich dies gesetzmäßig. Die Epoche, das Land, die Familie – all diese äußeren Umstände tragen dazu bei, dass die kommende Seele genau das Umfeld, die Mitmenschen und dadurch das Erleben hat, die sie für ihren Entwicklungsweg hier auf dieser Erde braucht.

Gleichzeitig wird das Kommen dieses Kindes auch den Eltern, Geschwistern und anderen der Familie nahestehenden Menschen Gelegenheit zum Erleben bringen.
Nun kann es sein, dass die von den Schöpfungsgesetzen vorgesehenen Erlebnismöglichkeiten für eine Seele während einer Inkarnation beschränkt sind. Soll sich die gesetzmäßige Entwicklung dieser Seele gewollt vollziehen, so kann es sein, dass diese Seele nach nur kurzer Zeit (einige Jahre, Monate oder gar Tage) ihren weiteren Entwicklungsweg wiederum im Jenseits gehen muss.
Man könnte sich nun fragen, was ein Neugeborenes oder noch kleines Kind erkennen oder gar lernen kann? Irdisch bestimmt nicht viel. Geistig sind die Möglichkeiten jedoch groß. So kann es sein, dass ein kurzes, intensives Erleben einer Seele gerade das bringt, was sie braucht, damit sie einen Schritt nach oben auf ihrem geistigen Entwicklungsweg machen kann.
Beim Tode eines Kindes ist jedoch nicht nur das Kind betroffen. Die Eltern, Geschwister und andere Nahestehende werden durch dieses schmerzliche Erleben zutiefst berührt. Auch hier erfolgt wieder ein intensives Erleben des Geistes jedes Einzelnen. Ein Erleben, das jedem Beteiligten geistig gerade das bringen

kann, was er zum inneren Reifen braucht.

Frage 5: *Da ich mich mit Geistigen befasse, stellt sich mir die Frage, wie es sich in Bezug auf eine Bestattung verhält. Was ist für den Geist richtiger, eine Erd- oder eine Feuerbestattung?*

Unser Erdenkörper ist eine Hülle für unser Innerstes, unseren Geist, der außerdem noch über eine Anzahl feinstofflicher Hüllen, die er während seiner Aufenthalte im Jenseits benötigt, verfügt. Löst sich der Geist am Ende seines Erdenlebens von seinem Körper, so bleibt die nun unbelebte Hülle auf der Erde zurück, während der Geist seinen Entwicklungsweg im Jenseits weiter beschreitet.
Die zurückgelassene Erdenhülle geht bei einer Erdbestattung den von der Natur vorgesehenen Weg der Zersetzung. Aus unserer Sicht ist das die natürlichste Art.
Bei einer Verbrennung vollzieht sich keine langsame Zersetzung, der nicht mehr belebte Körper wird in kurzer Zeit durch das Feuer zersetzt.
Nun könnte man sagen, dass weder die eine noch die andere Form der Bestattung den weiteren Weg des sich nun im Jenseits befindenden Geistes beeinflusst. Dies stimmt, falls der Geist sich bei einer Feuerbestattung

vollends vom Körper losgelöst hat.
Der Gralsbotschaft kann entnommen werden, dass die schon in der Bibel erwähnte »silberne Schnur«, die nach dem Tode in einer ersten Zeit den Geist noch mit dem Körper verbindet, noch über mehrere Tage bestehen bleiben kann. Ist dies der Fall, so besteht noch eine Verbindung des abgeschiedenen Geistes mit dem zurückgelassenen Körper, eine Verbindung, die den Geist, obwohl nicht mehr in dem Körper inkarniert, einen dem Körper zugefügten Schmerz noch empfinden lässt.
Deshalb ist es wichtig, dass bei einer Feuerbestattung der Zeitpunkt der Bestattung nicht zu schnell nach dem Abscheiden erfolgt, damit sich der Geist völlig vom Irdischen lösen und die silberne Schnur abfallen kann.
Wenn es möglich ist, frei zu wählen, so ist eine Erdbestattung der natürlichere Weg. Es gibt jedoch immer mehr Situationen, zum Beispiel in Großstädten, die nicht über den Platz für Gräber im herkömmlichen Sinne verfügen, wo eine Erdbestattung nicht umsetzbar ist. Oder man denke an bestimmte Todesursachen, bei denen Feuerbestattungen vorgeschrieben werden.
In jedem Fall ist es aus unserer Sicht wichtig, sich schon zu Lebzeiten auf dieser Erde mit dem Hinübergehen, dem gewünschten Verfahren

hinsichtlich des Erdenkörpers und ganz besonders mit dem weiterem Weg des Geistes zu befassen, damit auch im Fall einer ungünstigen oder nicht gewünschten Bestattungsvariante sich der Geist vorbereiten und möglichst schnell vom Körper lösen kann. Ein »Hängen« an irdischen Gütern oder Gegebenheiten sowie der Glaube, dass mit dem Tod des Körpers »alles vorbei« sei, kann eine rasche Loslösung verunmöglichen und so die Feuerbestattung wie auch die langsamere Zersetzung bei der Erdbestattung noch in weiten Teilen miterleben lassen müssen, wenn sich durch diese selbst herbeigeführten Umstände die silberne Schnur nicht sofort löst und diese Verbindung länger als nötig bestehen bleibt.

Kapitel 6 · Nahtoderlebnisse

Frage 1: *Wie verhält es sich mit Nahtoderlebnissen? Berichten zufolge treffen die Hinübergegangenen Nahestehende oder Familienmitglieder, die schon abgeschieden sind. Ist es jedoch auch möglich, dass jemand getroffen werden kann, der sich noch oder wieder auf der Erde befindet?*

Nahtoderlebnisse sind immer ein tief greifendes und überwältigendes Erleben, das oft das weitere Erdenleben beeinflusst. Die Erkenntnis, dass es tatsächlich ein Leben nach dem Tode gibt, ist hier nicht nur gehörtes oder erlerntes, sondern erlebtes Wissen. Dabei ist das Treffen von hinübergegangenen Verwandten oder Freunden meist ganz besonders eindrucksvoll. Geht man davon aus, dass es sich um tatsächliches Erleben handelt, was aus unserer Sicht der Fall ist, so ist es natürlich nicht möglich, dass die betreffenden Personen sich im Jenseits und gleichzeitig auch hier auf der Erde aufhalten. Der Menschengeist ist ein Ganzes, wovon nichts abgetrennt werden kann und das sich auch nicht teilen lässt. Es handelt sich bei diesen Erfahrungen also durchweg um Seelen, die sich im Jenseits befinden.

Ist eine Seele noch hier auf Erden oder

inkarniert sie sich wiederum und kommt der Moment des Hinübergehens für jemanden ihr Nahestehenden, so ist es unmöglich, dieselbe Seele auch im Jenseits zu treffen. Es werden andere, ihr bekannte, innerlich nahestehende Seelen sein, welche die hinübergegangene Seele im Jenseits begrüßen und ihr bei den ersten Schritten in dieser neuen Welt behilflich sein werden.

Frage 2: *Nachdem ich anlässlich eines Unfalles ein Nahtoderlebnis hatte, fühle ich mich wie vom Irdischen entfernt, es interessiert mich nicht mehr. Wie ist dieser Zustand zu erklären?*

Unser Sein in der Schöpfung ist eine große Wanderung durch die verschiedenen Ebenen des Jenseits und der Inkarnationen hier auf der Erde. Diese Erdenaufenthalte sind, verglichen mit unserer ganzen »Reise«, nur von kurzer Dauer, für unser geistiges Reifen jedoch von herausragender Wichtigkeit.
Der sehnlichste Wunsch eines Menschengeistes sollte es sein, dass er eines Tages wiederum ins geistige Reich, oder Paradies, voll bewusst zurückkehren darf. Um dies tun zu können, muss er seine geistigen Fähigkeiten entfalten und sie zudem auch in Einklang mit den Schöpfungsgesetzen zu nutzen lernen. Dazu

braucht er vielfältiges und auch tief berührendes Erleben. Dieses findet sowohl auf den Ebenen im Jenseits als auch hier auf Erden statt. Nun ist die Zeit einer Inkarnation auf Erden ganz besonders wertvoll und maßgebend. In der schweren Grobstofflichkeit des Irdischen muss sich der Geist besonders mühen, um sein Wollen in die Tat umzusetzen, etwas, das auf verstärkte Weise hilft, unsere geistigen Fähigkeiten zu entfalten.

Das Sich-wie-abgehoben-fühlen und der Umstand, nicht mehr an der irdischen Realität interessiert zu sein, ist verständlich, wenn jemand schwere Zeiten erlebt hat, beispielsweise ausgelöst durch einen schweren Unfall. Dabei kann sich ein Nahtoderlebnis ergeben, also, dass jemand den Körper verlässt, anschließend jedoch wieder zurück auf die Erde »geschickt« wird.

Bedeutet das nicht, dass in diesem Falle das Leben, die Aufgaben und die Entwicklungsmöglichkeiten im Irdischen für diese Inkarnation nicht zu Ende und ausgeschöpft sind? Dass noch Teile des Erlebens und auch Reifenkönnens warten? Und dass, obwohl die Seele den Körper schon verlassen hatte, ihr Hilfe gewährt wurde, um das Leben gewollt zu Ende zu leben?

Beantwortet man diese Fragen mit einem

Ja, würde dies bedeuten, dass es wichtig ist, sich dem Leben auf der Erde wieder voll zuzuwenden, sich für die Umwelt und die Mitmenschen zu interessieren und alle sich bietenden Möglichkeiten voll auszuschöpfen.

Kapitel 7 · Suizid

Frage 1: *Ich habe einen schwer leidenden Freund. Es ist tragisch, über Jahre mit ansehen zu müssen, wie er sich quält. Ist es in manchen Situationen nicht verständlich, dass sich schwer kranke Menschen mit dem Gedanken an den Freitod beschäftigen oder diesen Weg für sich wählen? Wenn sich jemand im Erdenleben so unwohl fühlt, schwerst depressiv und wahnhaft ist, keinen Sinn mehr für sich sieht und er selbst diesem Leiden ein Ende setzt, ist es doch ungerecht, im Jenseits für diesen Schritt bestraft zu werden!*

Wir sollten bei der Bewertung und Einschätzung von beobachteten und uns bewegenden Begebenheiten bedenken, dass wir für jede Form unseres Lebens auf der Erde, für jedes körperliche oder auch seelische Leiden selbst irgendwann den Ausschlag und den Anstoß gegeben haben.
Die Folgen jeder Handlung sind dann im Sinne der Natur- oder Schöpfungsgesetze kein Lohn oder keine Strafe, sondern nur logische und vorhersagbare Konsequenzen.
Wenn ein psychisch Kranker im Wahn oder in sonstigen seelischen Leiden suizidal wird, ändert dies an der Folge, dass die Seele den

damit lebensuntauglichen, also getöteten Körper verlassen muss, nichts.
Im Jenseits erwacht jede Seele auf der Stufe, auf die sie nach ihrer inneren Ausrichtung, Dichte und Schwere gehört. Es ist unerheblich, wie und warum der irdische Körper zu Tode kam, einzig der Zustand der Seele ist ausschlaggebend.
Diesen Zustand nimmt sie selbstverständlich mit hinüber ins Jenseits, da sie durch den sogenannten Freitod nur das irdische Kleid ablegt und somit bestenfalls umgehend zu der Erkenntnis gelangt, dass das Leben insgesamt damit nicht zu Ende ist. Der innere Zustand, die Entwicklungsstufe und die Ausrichtung haben sich dadurch nicht sofort geändert – und deswegen auch nicht der zu erwartende Weg im Jenseits.
Wer helfen will, sollte sich fragen, warum ein betroffener Mensch im Irdischen unter körperlichen oder seelischen Krankheiten leidet, dort ansetzen und versuchen, diese Leiden im Diesseits zu heilen oder, falls nicht möglich, der Seele zur Erkenntnis zu verhelfen, dass es einen Grund dafür gibt und trotz aller Mühsal zu förderlichen Zwecken dienen kann und soll.
Da sämtliche Vorkommnisse und Geschehen letztendlich ausschließlich der aufbauenden Entwicklung des innersten Kernes, also des

Geistes, dienen, muss geschlussfolgert werden, dass jedwede Krankheit zur Entwicklung gereichen kann und soll, entweder in Form von Karmaablösung oder als neue Schicksalswendung, die der Geist für sein inneres Fortkommen benötigt und für die er selbst den Ausschlag gibt.
Es stehen auch immer und überall Hilfen bereit, sei es in Form von Mitmenschen, anderen Wesen, Dingen oder Begebenheiten.
Diese Hilfen auch zu erkennen, darum zu bitten, sie annehmen zu lernen und dankbar dafür zu sein, ist übrigens ein wichtiger Lernprozess, den jeder durchlaufen muss, wenn er dessen teilhaftig werden möchte.
Solche Hilfen sind auf der Erde durch die nur hier mögliche Mannigfaltigkeit und Intensität außerordentlich stark und präsent, weshalb der selbst herbeigeführte Abbruch der irdischen Weiterentwicklungsmöglichkeiten besonders tragisch ist.
Doch auch im Jenseits wird eine Seele, die sich der Fehlentscheidung, ihren Körper vorzeitig zu verlassen, bewusst wurde und nunmehr bereit ist, sich zu öffnen, Hilfen finden sowie die Möglichkeit durch Erleben sich von dem Falschen zu lösen.
Auch die zurückgebliebenen Nahestehenden können durch liebevolle und helfende

Gedanken oder mittels einer tief empfundenen Fürbitte dieser Seele helfen, allerdings ohne sie durch eigene Wünsche ins Irdische binden zu wollen. Sondern sie müssen sie ihren Weg, der sich nun im Jenseits befindet, gehen lassen.

Frage 2: *Es gibt Situationen, da das Leben auf der Erde keinen Sinn mehr ergibt. Wäre es in diesen Fällen nicht gerechtfertigt, es aus eigenem Entschluß zu beenden?*

In den drei Bänden »Im Lichte der Wahrheit, Gralsbotschaft« können wir die unwandelbaren Schöpfungsgesetze erkennen sowie die unendlich große Liebe des Schöpfers, die uns immer wieder Hilfen zukommen lässt. Ebenso, dass, wenn wir in allen Lebenssituationen, so schwierig und aussichtslos sie auch sein mögen, uns auf die geistigen Werte stützen, unsere Lage im Lichte der Schöpfungsgesetze zu beleuchten versuchen, wir nicht nur Klarheit, sondern auch neue Kraft und Hilfen finden werden.

Das für unseren Entwicklungsweg notwendige Schöpfungswissen, das Erkennen der Schöpfungsgesetze, den Schöpfungsaufbau von ganz oben bis hin zu uns in der groben Stofflichkeit, sowie den Entwicklungsweg des Geistkeimes bis zum voll bewussten Geist, der wieder eingehen darf in seinen Ursprungsort, die geistige Ebene – dies alles wird in der Gralsbotschaft für uns klar und mit der Empfindung nachvollziehbar beschrieben.

Daraus geht hervor, dass wir hier auf der Erde inkarnierten Menschengeister uns auf einem Entwicklungsweg befinden, zum Lernen und Reifen durch Erfahrungen. Es geht daraus auch hervor, dass weder die Erde, auf der wir uns gegenwärtig befinden, noch das Jenseits unsere Heimat sind. Unsere Heimat ist das geistige Reich, in das wir zurückkehren dürfen. Dies allerdings erst, wenn wir fähig sind, unsere geistigen Fähigkeiten bewusst und in aufbauender, wohltuender Weise zu nutzen, oder, anders ausgedrückt, wenn all unser Tun und Wollen in den Schöpfungsgesetzen schwingt.

Dass dies noch nicht der Fall ist, kann man, wenn man um sich sieht, jedoch auch dann, wenn man sich selbst beobachtet, leicht feststellen. Dies wiederum bedeutet, dass wir noch viel Erleben brauchen, um Falsches auszugleichen und zu den nötigen Erkenntnissen zu gelangen – etwas, das sich auf zwei verschiedene Arten vollziehen kann: einerseits hier auf der Erde, andererseits auf den verschiedenen Ebenen des Jenseits, die noch nicht das geistige Reich, sondern Zwischenstufen sind.

Ist ein Geist oder eine Seele im Jenseits, so befindet sie sich genau auf der Ebene, die ihrer eigenen Schwere oder Leichtigkeit entspricht. Sie ist umgeben von »Gleichgesinnten«, also Seelen, die beispielsweise gleiche destruktive Angewohnheiten haben wie sie selbst. Durch gegenseitiges sich mit diesen Angewohnheiten belästigen kann die Seele zur Erkenntnis des Falschen kommen und sich innerlich wandeln. Hat dieser Wandlungsprozess stattgefunden, so wird sich die Seele auf eine andere, lichtere Ebene begeben können, wo sie es vermag, einen weiteren Fehler zu erkennen und abzulegen.
Handelt es sich um eine schon lichtere Seele, so wird sie durch das Erleben in den lichten, dem geistigen Reiche nahestehenden Ebenen in ihrem guten Wollen gestärkt und wirkt durch ihr eigenes gutes Wollen wohltuend auf die sie umgebenden Seelen.
Hier auf der Erde ist das Erleben ganz anders: Alle Arten leben miteinander und nebeneinander. Man kann lichte Menschen an ihrem guten und aufbauenden Wirken erkennen und darin ein Vorbild sehen. Man kann von Menschen mit groben Fehlern belästigt werden und dabei durch das schmerzliche Erleben erkennen, wie bedrückend dies sein kann. Hat jemand nun Anlagen zu demselben Fehler, vielleicht tief in sich versteckt, so kann dies dazu führen, dass

er sich sagt: »Das ist zu schmerzhaft, nie würde ich dies jemandem antun!« Damit kann er sich, ohne durch falsches Handeln Rückwirkungen auszulösen, von einem schweren Fehler befreien.

Ohne auf die unendlich vielen Möglichkeiten des Lernens, Erkennens, Reifens und Ablösenkönnens, die sich hier auf der Erde bieten, eingehen zu wollen, kann man schon erkennen, wie wichtig und unendlich kostbar ein Erdenleben ist. Ebenso, welch großer geistiger Gewinn hier, durch vielseitiges und verschiedenartiges Erleben, in kurzer Zeit möglich ist.

Unser Entwicklungslauf vom Geistkeim bis hin zum sich selbst bewussten und den Schöpfungsgesetzen entsprechend handelnden Geist ist ein sehr weiter Weg, ein Weg, der sich zum größten Teil im Jenseits vollzieht. Unsere Erdenaufenthalte sind jeweils, im Verhältnis zum Ganzen gesehen, nur kurz.

Deshalb sind sie besonders wertvoll und man sollte sie bestmöglich nutzen. Ein Erdenleben nutzen heißt, wach und offen im Leben zu stehen, alles, was auf unseren Weg gelegt wird, dankbar anzunehmen und aus der Tiefe unseres Wesens zu erleben. Dazu gehören Freude, jedoch manchmal auch Schmerz und Leid. Kommt Leid auf uns zu, so hat dieses einen Sinn und einen Grund. Es ist allerdings nicht so, dass wir das Leid benötigen zum Reifen: Wäre unser Wollen stets den Schöpfungsgesetzen entsprechend, so würden wir nur Freude und Glück ernten, um zum Selbstbewusstsein zu gelangen.

Da dies zurzeit wohl kaum in Bezug auf jemanden der Fall ist, gehören auch schwierige Zeiten zum Reifen und Erkennen. So kann es auch sein, dass jemand sich wünscht, dass das irdische Leben ein Ende nimmt, da die Hoffnung besteht, dass es im Jenseits besser und leichter wird. Dies kann jedoch nicht sein. Was lebt, wirklich lebendig ist, das ist unser Geist, das sind wir selbst. Befinden wir uns auf der Erde, so sind wir in einen Erdenkörper inkarniert und erleben das Dasein durch diesen. Legen wir den Erdenkörper ab, so bleiben wir dennoch wir selbst. Das Fehlen des Erdenkörpers spielt also keinerlei Rolle. Es ist, als ob wir ein Kleid abstreifen. Auch ohne dieses Kleid bleiben wir selbstverständlich als Persönlichkeit erhalten, die Sorgen und Nöte befinden sich nicht im Kleid, sondern in uns. Alles, was nicht stimmt, gehört zu unserem Inneren, das wir ins Jenseits mitnehmen.

Wenn wir uns nicht gegen das gegenwärtige Erleben hier auf der Erde auflehnen, sondern es annehmen und versuchen, uns innerlich auf das Gute, Schöne und Edle auszurichten, so können der empfundene Schmerz und das Leid bereits durch die bessere innere Einstellung gelindert werden. Wenn wir uns unseren Mitmenschen liebevoll zuwenden und Verständnis für deren Sorgen und Belange aufzubringen suchen, fühlen wir uns weniger einsam. Mit einer solchen Haltung öffnen wir uns lichten Hilfen, die uns stützen und stärken können. So kann jedes Erleben, das uns im Laufe der Tage begegnet, einen Sinn bekommen und das Leben nicht mehr schwer und niederdrückend, sondern sogar zur Freude werden.

Abschließend kann man sagen, dass jeder Tag, den wir auf dieser Erde erleben dürfen, ein Tag ist, der uns ermöglicht zu lernen, zu erkennen und zu reifen. Wird das Erdenleben in diesem Sinne wahrgenommen, so wird jeder Tag, wie immer er sich auch gestalten mag, zu einem kostbaren Geschenk, das uns hilft, unserem Ziel, der Rückkehr ins geistige Reich, einen Schritt näherzukommen.

Frage 3: *Ein Bekannter, der schwer gelitten hat, hat sein Leben bewusst vorzeitig beendet. Dies entspricht nicht den Schöpfungsgesetzen, doch wäre es in bestimmten Härtefällen nicht dennoch berechtigt?*

Der Entschluss, selbst zu entscheiden, wann wir diese Erde verlassen möchten, steht den vom Schöpfer ausgehenden Schöpfungsgesetzen entgegen. Ob es eine Ausnahme geben könnte für eine vom Leid gequälte Seele, es in diesem Falle also berechtigt wäre, vorzeitig zu gehen, ist eine verständliche Frage.

Wenn wir jedoch die Naturgesetze betrachten, so sehen wir, wie treu, zuverlässig und unumstößlich diese Gesetze hier auf der Erde wirken, ohne die geringste Ausnahme (aus einem Weizenkorn wächst kein Klee, auf den Sommer folgt der Herbst und nicht – auch nicht ausnahmsweise – der Frühling ...). Noch etwas können wir erkennen: nämlich die unendliche Liebe, die diesen Gesetzen zugrunde liegt. Die Natur beglückt uns das ganze Jahr hindurch und gibt uns Kraft, selbst im Winter mit dem glitzernden Eis oder einer wunderbaren Schneedecke.

Dieselbe Unverrückbarkeit und die für uns Menschen unfassbare Liebe liegen auch den Gesetzen auf geistiger Ebene zugrunde. Die abgeschiedene Seele wird im Jenseits von dieser Liebe umhüllt. Helfer stehen für sie bereit, um sie zu stützen und ihr bei notwendigen Erkenntnissen zu helfen. Alles, was sie tun muss, ist, sich diesen Hilfen zu öffnen.

Dass das vorzeitige Hinübergehen eine

Fehlentscheidung war, ist etwas, das die Seele erkennen wird. Es ist eine der vielen möglichen Fehlentscheidungen, die auf dem Entwicklungsweg des Geistes getroffen werden können. Eine Fehlentscheidung, die, wie alle anderen auch, wenn sie als solche erkannt werden, auch abgelöst werden kann durch Erleben im Jenseits oder später wieder auf der Erde.

Frage 4: *Ist es richtig, wenn man von einem Suizid abrät? Sollte nicht jeder selbst entscheiden können, wann er diese Erde verlassen möchte?*

Will man sich mit geistigen Fragen befassen, so sollte man sich als Erstes dessen bewusst sein, dass wir, sind wir auf dieser Erde inkarniert, die Wirklichkeit auf zwei Arten wahrnehmen können, nämlich mit dem irdischen Verstand oder der allem Irdischen übergeordneten und dem Geiste zugehörigen Empfindung.

Der Verstand befasst sich mit allen praktischen und irdischen Fragen und findet Erklärungen und Lösungen, die dem irdischen Blickpunkt entsprechen.

Die Empfindung hingegen nimmt die Dinge umfassend wahr, nicht nur das Irdische in Betracht ziehend, sondern auf das ganze Sein ausgerichtet.

Dies erklärt, weshalb man dann, wenn man eine Frage wie den Suizid mit dem Verstand beurteilt, zu ganz anderen Ergebnissen kommt, als wenn dies mit der Empfindung geschehen würde. Da das Leben aus Verstandessicht nur von der Geburt (eventuell auch der Zeugung) bis zum irdischen Tode reicht, könnte man sich sagen, dass, falls die Sorgen, Nöte und Probleme zu schwer erscheinen, das eigene Leben auszulöschen eine Möglichkeit zur Befreiung wäre.

Befassen wir uns jedoch mithilfe unserer Empfindung mit der Frage des Suizides, so sieht alles ganz anders aus. Die Empfindung des Menschengeistes weiß aus eigenem Erleben, dass seine Existenz seit langer Zeit besteht, dies wechselweise zwischen Aufenthalten im Diesseits und dem Jenseits. Er weiß auch, dass Probleme oder Schweres mit dem irdischen Tode nicht aufgelöst werden, sondern wir uns im Jenseits oder in einer nächsten Inkarnation wiederum damit befassen müssen. Hinzu kommt noch die Tatsache, dass durch das Auslöschen des irdischen Lebens der Betreffende auch mit dieser Fehlentscheidung konfrontiert wird. Eine Fehlentscheidung, die wir, wie alles Falsche, das wir während unseres Entwicklungslaufes begehen, durch Erleben und Erkennen auch wieder gutmachen müssen.

Für die Familie und die Hinterbliebenen eines durch Suizid Hinübergegangenen wäre es natürlich tröstlich zu wissen, dass dies eine harmlose andere Art des Todes war. Wenn wir uns jedoch bewusst sind, dass selbst zu entscheiden, wann wir diese Erde verlassen möchten, nicht den Schöpfungsgesetzen entspricht und der Hinübergegangene auch im Jenseits sich mit seinen Sorgen und Nöten auseinandersetzen muss, so kann das im Gegenteil hilfreich sein. Denn statt zu denken, alles sei nun gut, können die Nahestehenden in inniger Fürbitte um Hilfe für den Hinübergegangenen beten – etwas, das von unvorstellbarer Kraft sein kann, eine tatsächliche und große Hilfe ist und auch den Hinterbliebenen Trost spenden wird.

Kapitel 8 · Diesseits und Jenseits

Frage 1: *Kann man mit einem Abgeschiedenen von der Erde aus kommunizieren?*

Die Möglichkeit, mit Hinübergegangenen zu kommunizieren, ist eine Tatsache. Dies sollte jedoch möglichst spontan, auf natürliche Weise, geschehen, beispielsweise dann, wenn der Hinübergegangene das Bedürfnis verspürt, seiner Familie oder seinen Freunden etwas zu vermitteln.
Die Schöpfungsgesetze zeigen uns, wie wichtig es für unser Wohlergehen, jedoch auch das unserer Umwelt ist, dass wir unser Tun und Denken diesen Gesetzen entsprechend ausrichten. Daraus erfolgt, dass ein bewusstes, gewolltes Kontaktaufnehmen mit einer hinübergegangenen Seele störend in das Erleben dieser Seele eingreifen kann, da man sie in die Nähe des Irdischen zurückruft, etwas, das sie hinter sich lassen sollte, um ihren Weg im Jenseits gewollt gehen zu können.
Die Zeit im Jenseits ist nicht, wie man das hin und wieder hört, ein sanftes Ausruhen, Schlafen ..., sondern ein ebenso intensives und starkes Erleben wie hier auf der Erde. Es ist ebenso eine Zeit des Erkennens von Falschem, des Ablösenkönnens, jedoch auch des Reifens

und sich dem Lichten Näherns – je nachdem, wie sich die Seele mit ihrem freien Willen entscheidet. So kann sich manche Seele nach ihrem Aufenthalt im Jenseits innerlich weit gefestigter und mit mehr geistigem Wissen der nächsten Erdinkarnation zuwenden.
Ergibt sich ein spontanes und natürliches Kontaktaufnehmen der hinübergegangenen Seele zu einem ihr nahestehenden und noch auf der Erde inkarnierten Menschen, so kann man davon ausgehen, dass es etwas gibt, das die hinübergegangene Seele bedrückt und das sie jemandem vermitteln möchte. Dies ist ein natürlicher Vorgang, der sich gesetzmäßig vollzieht und der für beide Betroffenen hilfreich und wohltuend sein kann.

Frage 2: *Ist es nützlich und hilfreich, Kontakte mit abgeschiedenen Seelen aufzunehmen, beispielsweise durch spiritistische Sitzungen?*

Kontakte mit dem Jenseits sind eine Realität und sind, seit es Menschen auf dieser Erde gibt, erfolgt. Wenn diese Kontakte sich auf schöpfungsgesetzmäßig gewollte und natürliche Weise vollziehen, so geschieht dies nicht durch Inszenieren vom Irdischen aus, sondern wird immer dann geschenkt, wenn den Erdenmenschen Hinweise, Hilfe oder

Erkenntnisse von oben werden durften.
Es gab zu jeder Zeit Menschen, die besonders offen und empfänglich für derartige Kontakte waren, heute nennen wir sie Medien. Diesen Menschen wurde die Gabe des Hellsehens oder auch Hellhörens geschenkt, um, wenn dies gewollt war, Informationen aus dem Jenseits in das Diesseits übermitteln zu können. Der Impuls kommt jeweils aus dem Jenseits, es ist ein gewolltes Geschehen und sowohl das Medium als auch die in eine solche Kundgebung einbezogenen Personen sind, da sich das Geschehen schöpfungsgesetzmäßig vollzieht, vor unliebsamen jenseitigen Einflüssen geschützt.
Bei spiritistischen Sitzungen vollzieht es sich gerade umgekehrt: Es wird eine Sitzung organisiert, ein Medium versucht sich mit dem Jenseits zu verbinden, und Fragen werden gestellt. Eine solche Sitzung genießt nicht denselben Schutz wie ein sich auf natürliche Weise ergebender Kontakt. Da jene die Erde unmittelbar umgebende jenseitige Welt, wie wir uns gut vorstellen können, nicht sehr leicht und licht ist, sondern eher düster und die sich dort aufhaltenden Seelen kaum über weite geistige Kenntnisse verfügen, so können wir uns auch vorstellen, welchen Wert die Kundgebungen einer solchen Sitzung für

die daran Teilnehmenden haben. Außerdem ist zu berücksichtigen, dass, indem sich auch die Teilnehmer, nicht nur das Medium, den außerirdischen Strömungen zu öffnen versuchen, sie von Jenseitigen beeinflusst werden können, da ihr Inneres nicht auf kritische Abwehr eingestellt ist.

Das jenseitige Leben ist eine natürliche Tatsache. Wir Menschengeister wechseln unseren Aufenthalt seit Jahrtausenden vom Diesseits zum Jenseits und wieder ins Diesseits zurück. Dabei erlebt der Geist das Jenseits auf genauso natürliche Art wie das Diesseits während einer Erdinkarnation. Berichte aus dem Jenseits, wenn sie sich auf natürliche Weise ergeben haben, veranschaulichen für uns geistiges Wissen und Erkenntnisse. Sie helfen uns auch, indem wir das Gelesene innerlich nachempfinden können, die Überzeugung eines Weiterlebens nach dem Tode zu festigen.

Kapitel 9 · Verstandesherrschaft

Frage 1: *Was kann man tun, um seinen Geist zu stärken?*

Beim Lesen des Werkes »Im Lichte der Wahrheit, Gralsbotschaft« können wir die fördernden Kräfte, die für uns in der heutigen schwierigen Zeit so nötig sind, empfinden. Wir erkennen, wie wichtig es für uns Menschengeister ist, dass unser Geist, unser eigentliches Ich, gestärkt wird, um zu reifen und sich voll entfalten zu können, um einstens wieder eingehen zu dürfen in seinen Ursprungsort, das geistige Reich oder Paradies.

In der Gralsbotschaft ist die Ursache der uns zurzeit bedrückenden Übel klar genannt, nämlich die herrschende Verstandesherrschaft und die gleichzeitig damit einhergehende Trägheit des Geistes. Dies zu wissen ist eine große Hilfe, denn es zeigt uns wo und wie wir uns ändern müssen. Außerdem ist dieses Wissen nicht nur eine Hilfe, um zu sehen, wo wir »anpacken« sollten, sondern auch eine große Beruhigung: Damit es besser wird, sind wir nicht von der Umwelt, Politikern, Mitmenschen und so weiter abhängig, sondern unser Wohlergehen, unser Glück liegt in unseren eigenen Händen. Sobald wir uns entschlossen haben, unseren Geist über den Verstand zu setzen, wird sich dies auf unser Handeln auswirken. Wenn wir unser Bestes tun, um den Schöpfungsgesetzen entsprechend zu leben, säen wir Aufbauendes, Gutes, Wohltuendes – etwas, das sich auf unsere Umwelt auswirkt, diese lichter und schöner gestaltet und uns auch die gleiche Saat wiederum zurückbringen wird.

Wie kann man nun seinen Geist stärken? Es gibt verschiedene Möglichkeiten, die alle in Verbindung mit dem Wesen des Geistes stehen. In der Gralsbotschaft steht ausführlich beschrieben, wie die Menschheit seit Langem vorwiegend den Verstand benutzte und den Geist und damit auch geistige Werte vernachlässigt hat. Dies wirkte sich schwächend auf den Geist und stärkend auf den Verstand aus – etwas, das wir nun umkehren können. Befassen wir uns mit den hohen, geistigen Werten, wie beispielsweise Gerechtigkeit, Treue und Liebe, so ist dies etwas, das nur der Geist erfassen kann. Der Verstand hat dafür kein Verständnis, ist also auf ganz natürliche Weise ausgeschaltet. Wenn wir uns außerdem bei allem Erleben fragen, ob es gerecht ist und von Liebe durchströmt – Liebe natürlich im richtigen, geistigen Sinne, zum Wohle aller, nicht die irdisch ausgerichtete und oft egoistische Liebe, die in erster Linie an sich denkt –, so benutzen wir dazu unseren Geist. Je mehr wir unseren Geist, nicht nur bei wichtigen Fragen, sondern auch im Alltag, nutzen, umso stärker und strahlender wird er und umso leichter fällt es uns, den Verstand an seinen ihm zustehenden Platz zu setzen, nämlich als Ausführender des Wollens des Geistes.

Eine andere Möglichkeit besteht darin, dass wir uns dem Schönen zuwenden. Sei dies nun in unserem Heim durch eigens gewählte Gegenstände, die Schönheit und Harmonie verbreiten, oder in der Natur, die, wie sie auch immer sei, stets schön ist. Schönheit kommt von oben. Schönes berührt den Geist und wirkt ebenfalls stärkend auf ihn.

In der Gralsbotschaft werden die verschiedenen Schöpfungsgesetze dargestellt. Sie durchdringen unser ganzes Sein. Nur der Geist vermag abzuwägen, ob wir uns den Schöpfungsgesetzen entsprechend verhalten. Auch hier wird also der Verstand an die zweite Stelle gesetzt, nämlich als praktisch Ausführender des Wollens des Geistes.

Ein anderer Punkt, der in der Gralsbotschaft in Verbindung mit dem Geist und dem Verstand erwähnt wird, ist die Tatsache, dass sich der Geist durch die Empfindung ausdrückt. Im

Gegensatz zum Verstand und dem Gefühl. In der heutigen Zeit der Verstandesherrschaft kommt es vor, dass man denkt, von der Empfindung (oder Intuition) geleitet zu sein, wobei es sich jedoch um das verstandesmäßige Gefühl handelt. Wie kann man den Unterschied erkennen? Die Antwort darauf wird uns ebenfalls in der Gralsbotschaft gegeben: Die Empfindung drückt sich in Bildern aus, die anschließend vom Verstand in Worte gefasst werden. Der Verstand und das Gefühl beschränken sich auf Worte. Vermittelt uns der Geist etwas, so erscheint als Erstes ein Bild. Das zu erkennen ist nicht immer leicht, da das Bild sogleich vom Verstand übernommen wird und nun Worte geformt werden. Hier muss man lernen, sich selbst zu beobachten. Mit der Zeit wird es, wenn auch nicht immer, so doch einfacher, den Unterschied zu erkennen.
Es gibt jedoch noch eine andere Möglichkeit, Empfindung und Gefühl voneinander zu unterscheiden. Die Empfindung kommt von oben, vom Geiste, sie ist von lebendiger Kraft erfüllt. Diese Kraft durchströmt uns und ist von Dauer. Deshalb existiert auch die oft so große Sicherheit bei einer Empfindung, selbst dann, wenn diese irdisch nicht unbedingt nachvollziehbar ist. Das Gefühl hingegen kommt von unten, vom Irdisch-Körperlichen.

Es enthält keine eigene Kraft. Will man einem Gefühl Dauer verleihen, so muss es ununterbrochen genährt werden, um nicht zu verblassen oder Zweifel entstehen zu lassen. Auch hier hilft es, sich selbst zu beobachten.

Außerdem gehört unser Gewissen auch zu unserer inneren Stimme. Wenn wir uns mit etwas beschäftigen, etwas planen, bei der Umsetzung eines Vorhaben sind, so können oder – besser – sollten wir versuchen, unsere innere Stimme zu »hören« oder zu »spüren«. Gelingt uns dies, so werden wir entweder von einer großen Ruhe, Zuversicht und großer Freude erfüllt, oder wir spüren ein Unbehagen. Sofern wir diesen Umstand nutzen, stellt er eine Hilfe dar, die uns geschenkt wurde, um richtige, in den Schöpfungsgesetzen schwingende Entscheidungen zu treffen.

Nun gibt es noch eine andere, von unbeschreiblicher Kraft erfüllte Möglichkeit, unseren Geist zu wecken und zu stärken: das Lesen des Werkes »Im Lichte der Wahrheit, Gralsbotschaft«. Abd-ru-shin hat dieses Werk, das großes und wertvolles Wissen enthält, so geschrieben, dass der Verstand nur einen kleinen Teil davon erfassen kann. Will man den Reichtum, der sich in diesem Werke findet, wirklich erfassen, so müssen wir es mit unserem Geiste lesen und aufnehmen, und uns mühen zu erfassen, was der Autor uns vermitteln will, Zusammenhänge erkennen, Gelesenes in Verbindung mit eigenem Erlebtem bringen und so weiter. Für all dies müssen wir unseren Geist bemühen, der dadurch rege, lebendig und strahlend wird.

Frage 2: *Was kann ich tun, um den Verstand richtig zu nutzen, damit sich der Geist entfalten kann? Gibt es ein Buch, das mir helfen könnte?*

Das Werk »Im Lichte der Wahrheit, Gralsbotschaft« ist ein geistiges Werk, dessen Inhalt über alles für uns Menschen Erdenkliche hinausgeht, mit einem Wissen, aus dem wir endlos schöpfen können. Da wir uns hier auf der Erde, in der Grobstofflichkeit, befinden, brauchen wir unseren Verstand zum Aufnehmen dessen, was wir lesen oder hören. Beim Lesen oder Hören der Gralsbotschaft ist der Verstand jedoch nur ein irdisches Hilfsmittel, das wirkliche Aufnehmen und Erfassen der Worte der Gralsbotschaft kann nur durch unseren Geist geschehen. Unser Geist nimmt jedoch nicht »Verstandenes« auf, sondern er erfasst nur Erlebtes. So können wir wohl die gelesenen Worte mit dem Verstand erfassen, anschließend müssen diese Worte aber im Erleben umgesetzt werden, wenn sie

uns von Nutzen sein sollen.
Dies ist ein Prozess, dessen Ablauf und »Geschwindigkeit« wir nicht steuern können. Wir müssen auch nicht schnellstmöglich die drei Bände lesen, um uns geistig zu festigen oder weiterzuentwickeln. Die Vorträge der Gralsbotschaft sind in einer Folge geschrieben, die unseren Geist liebevoll und sicher begleitet. Im Falle von Unsicherheiten oder eines Nichtverstehens sollten wir die vorhergehenden Vorträge nochmals lesen. Dabei ist es auch wichtig, dass wir uns beim Lesen Zeit nehmen sowie versuchen, das Gelesene bildlich in uns aufzunehmen und Brücken zum eigenen Erleben zu schlagen.
Wenn wir eine Erklärung lesen, so finden wir oft ein früheres, gemachtes Erleben, das diesen Worten entspricht. Ist dies nicht der Fall, so können wir diese Aussagen innerlich mit uns tragen, denn irgendwann ergeben sich im Alltag plötzlich Situationen, die das Gelesene lebendig werden lassen. Das ist dann ein Erleben, das den Geist berührt und das dieser behält in diesem Leben, jedoch auch etwas, das er, wenn er einst ins Jenseits hinübergeht, mit sich nimmt.

Kapitel 10 · Zwischenmenschliche Beziehungen

Frage 1: *Was kann man konkret tun, damit sich das Gute ausbreiten kann? Ist es dazu notwendig, nach außen zu gehen, oder sollte man sich in erster Linie auf sich selbst konzentrieren?*

Unsere nähere und weitere Umgebung besteht aus Einzelmenschen. Man könnte sich sogar vorstellen, dass, würde jeder dieser Einzelnen sich mit ehrlichem Bestreben dem Guten, Hohen und Richtigen öffnen und auch entsprechend leben, unsere Welt in kürzester Zeit ganz anders aussehen würde. Da wir jedoch nicht die anderen Menschen, sondern nur uns selbst wandeln können, besteht das Wichtigste darin, bei sich selbst zu beginnen.

Die Wegweiser für die uns notwendigen Kenntnisse zum Neuwerden finden sich alle in dem Werke »Im Lichte der Wahrheit, Gralsbotschaft«. Alles, was wir tun müssen, ist, sich mit unserer Empfindung in dieses zu vertiefen, die gewonnenen Erkenntnisse in uns aufzunehmen und natürlich auch im Alltag umzusetzen. Als Erstes wirkt dieses Neuwerden unseres Selbst wohltuend und aufbauend auf unsere allernächste Umgebung, also beispielsweise unsere Familie. Wir sind, selbst wenn wir ziemlich zurückgezogen leben, in einer Gemeinschaft von Mitmenschen eingebettet: Es gibt Nachbarn, Bekannte, Begegnungen beim Einkaufen, beim Spaziergang – all dies sind Möglichkeiten, bei denen wir etwas weitergeben können, sei es mit Worten, Äußerungen, Ansichten oder ganz einfach durch unser Wesen. Damit säen wir schon viel Gutes, das zum Neuwerden der ganzen Gesellschaft beiträgt.

Es gibt noch eine weitere Möglichkeit, zum Bessern auf dieser Erde beizutragen, ohne sich dabei in die Öffentlichkeit zu begeben: Es sind dies die Gedanken. Wir denken sehr viel den ganzen Tag hindurch, und jeder Tat oder Aussage gehen Gedanken voraus. Jeder Gedanke nimmt im für uns Unsichtbaren eine Form an, die einerseits mit uns verbunden bleibt, andererseits jedoch auch von Gleichgeartetem angezogen wird und manchen Gleichgesinnten mit ihrem Inhalt nähren kann. Sind diese Gedanken aufbauend, dem Lichten zugewandt, von Liebe erfüllt, so haben sie eine sehr große und nachhaltige Auswirkung. Sie wirken veredelnd und erhebend auf das Geschehen auf dieser Erde – und dies, obwohl sich derjenige, von dem sie ausgegangen sind, in Ruhe in seinem Heim seinen Aufgaben widmet.

Noch etwas ist eine logische Folge dieser wohltuenden Saat, nämlich die Ernte des Gesäten, das, was auf uns zurückkommt, wird gleicher Art sein, also ebenfalls wohltuend und aufbauend. So wird unser Leben, je mehr und je besser wir auf diese Weise wirken, lichter und schöner.

Frage 2: *Ich komme eigentlich gerne mit Menschen ins Gespräch, stelle aber zunehmend fest, dass sich oftmals gar kein richtiger Gedankenaustausch entwickelt, sondern ich manchmal noch im Gegenteil unfreundlich wegen meiner Meinung zurechtgewiesen werde, gar nicht richtig zugehört wird und sich das Gegenüber oft nur selbst reden hören möchte.*

Offene Menschen, die gerne mit ihren Mitmenschen in Kontakt und Austausch treten, erwarten aus Sicht ihrer eigenen Einstellung, dass auch das Gegenüber, besonders wenn es selbst das Gespräch oder Thema angeregt hat, gleich offen für wertschätzenden und respektvollen Meinungs- oder Gedankenaustausch sein müsste.
Dass dem leider nicht immer so ist, erfahren Sie, wie Sie beschrieben haben, regelmäßig in Ihrem täglichen Erleben.
Nach unserer Erfahrung kann helfen, wenn wir

uns zuerst innerlich abgrenzen und gedanklich die teils tatsächlich grenzüberschreitenden verbalen Angriffe abwehren.
Sobald wir wahrnehmen, dass unser Gegenüber eigentlich nicht an einem echten Austausch interessiert ist, sondern hauptsächlich den eigenen Standpunkt klarmachen möchte, Bestätigung für die eigene Meinung sucht oder sich schlichtweg profilieren will, so ist weder eine Diskussion auf Augenhöhe noch ein sinnvoller Gedankenaustausch möglich.
Aus diesem Grund ist es aus unserer Sicht richtig, wenn Sie sich zurückziehen, wobei Sie diesen Rückzug nicht unbedingt sichtbar körperlich vollziehen müssen, sondern sich innerlich vor respektlosen Äußerungen schützen können, indem Sie, wie der Volksmund sagt, die »Ohren auf Durchzug« stellen, Ihre Position gedanklich zu halten und das Gespräch sachlich zu beenden versuchen.
Was heißt genau »gedankliche Abwehr«? Wir bemühen uns in der konkreten Situation bewusst gedanklich, innerlich gerade zu bleiben oder richten uns innerlich (wie gerne auch äußerlich) auf, atmen tief durch und bitten höhere Kräfte um Hilfe, dass wir trotzdem die Situation und das Gegenüber respektvoll und sachlich in die Schranken weisen können und die eigenen Überzeugungen sowie unser

Inneres nicht ins Wanken geraten, weil der aufdringliche Gesprächspartner uns die innere Ruhe und damit den Halt raubt.
Während Sie diese inneren Vorgänge üben und durchlaufen, den Fokus also darauf einstellen, sind die Ohren automatisch auf Durchzug und die innere Konzentration auf einen hilfreichen Kurs gerichtet.
Mit einiger Übung gelingt dies immer schneller und besser, bis Ihre Wirkung auf diese Art von Mitmenschen eine solche sein wird, dass Sie derartige Angriffe nicht mehr fürchten müssen.

Frage 3: *Darf man jemandem einen Hinweis geben, wenn man sieht, dass er falsche Wege geht? Ich habe schon erlebt, dass dies zum Ende einer Beziehung führte.*

Ob man jemandem einen Hinweis geben darf, wenn man erkennt, dass er etwas Falsches tut, kann man sowohl mit einem Ja als auch mit einem Nein beantworten. Alles ist lebendig, man kann in zwischenmenschlichen Beziehungen keine festen Regeln aufstellen, außer der, stets gütig, liebevoll und respektvoll seinen Mitmenschen zu begegnen. Ob es angebrachter ist zu schweigen und zu versuchen, selbst durch vorbildliches Verhalten zu einer Änderung anzuregen, oder ob mehr Liebe darin liegt,

jemandem in klaren Worten zu erkennen zu geben, dass der Weg, so wie er ihn geht, nichts Förderndes bringt, ist etwas, das man in jeder Situation mit seiner Empfindung abwägen muss.
Einerseits meint man mitunter zu spüren, wie uns etwas beim Sprechen zu hindern sucht, in diesem Falle also lieber schweigen; andererseits sagt man manchmal etwas und ist selbst überrascht, wie klar, freundlich und dennoch unmissverständlich es ausgedrückt wurde. In dem Falle war es bestimmt richtig so.
Wie ein solcher mit ehrlicher guter Absicht gegebener Hinweis aufgenommen wird, ist letztlich die Sache des Empfängers. Er entscheidet mit seinem freien Willen, wie er damit umgehen will. So kann dies unter Umständen tatsächlich zum Ende einer Beziehung führen. Doch in diesem Falle kann es auch sein, dass ganz allgemein keine Gleichart mehr besteht und es besser ist, wenn jeder seiner Wege geht.
Wenn sich jemand innerlich wandelt, Altes und Falsches hinter sich zu lassen versucht, so könnte man annehmen, dass sich alle darüber freuen. Dies ist jedoch oft nicht der Fall. Der Grund hierfür besteht darin, dass, wenn jemand in einer Familie, in einem Freundeskreis oder einer Gemeinschaft plötzlich andere Wege geht, dies störend wirkt

– selbst wenn diese Wege besser sind. Eine solche Situation tritt meist dann ein, wenn die umgebenden Mitmenschen nicht ebenfalls bereit sind, diesen neuen Weg, wenn auch nicht unbedingt zu gehen, so ihm gegenüber doch wenigstens offen zu sein. Das kann zum Auflösen von Beziehungen führen – etwas, das schmerzlich, letztendlich jedoch befreiend ist. Denn wenn man nicht mehr dieselbe Basis hat, nicht dieselben Ziele, dasselbe Sehnen, dann bestehen ganz offensichtlich nur noch wenige Gemeinsamkeiten. Dies führt zu einer Leere, zu Missverständnissen, zu Konflikten ...
Wollen wir unser Leben den Schöpfungsgesetzen entsprechend neu gestalten, so gehört auch ein Zurücklassen des Alten dazu. In der Gesamtheit entsteht damit eine Bereitschaft für neue Kontakte und Begegnungen mit Gleichgesinnten – Beziehungen, die eine echte Bereicherung für alle Beteiligten darstellen.

Frage 4: *Was bedeutet es, die Feinde lieben zu sollen?*

Wie wir dem dreibändigen Werke »Im Lichte der Wahrheit, Gralsbotschaft« entnehmen können, ist der Liebe größter Teil die Strenge.
Dies bedeutet, dass, wenn wir uns und andere lieben, wir auch gegen uns und diese

geliebten anderen streng sein müssen, und zwar in dem Sinne, dass zur Entwicklung und Vervollkommnung in erster Linie die Prüfung auf eigene Unzulänglichkeiten erfolgen sollte.
Sobald wir uns bemühen, unsere eigenen Fehler und charakterlichen Unebenheiten zu erkennen und dann auch abzulegen, sind wir zunächst auch weniger mit jenen unserer Mitmenschen beschäftigt und dienen gleichzeitig unserer eigenen Entwicklung sowie der gesamten Umgebung als Vorbild und wohltuender Gedankenspender.
Gleichzeitig sollen und dürfen wir Ungezogenheiten und Angriffe unserer Mitmenschen als solche erkennen und entsprechend abwehren, da wir auch damit uns und ihnen zur förderlichen Entwicklung verhelfen können. Darüber hinaus kann die rechte Einstellung, Haltung und Abwehr zudem ebenfalls noch der Umgebung dienen, die eventuell gleichfalls unter dem Fehlverhalten eines Mitmenschen zu leiden hat.
Was genau menschliche Unzulänglichkeiten sind und wie wir ihnen begegnen können, ohne uns Karma aufzuladen, sondern im Gegenteil noch selbst innerlich in der Bewegung und Abwehr zu wachsen vermögen, erfahren wir im genannten Werk.
Die Grundlagen sind dessen ungeachtet auch

schon in den Zehn Geboten vorhanden; zudem ist die Empfindung zur Einschätzung von »gut und richtig« in jedem noch einigermaßen innerlich wachen Menschen angelegt.

Frage 5: *Was kann ich aus einer engen, aber sehr belastenden Verbindung lernen?*

Um einen Anhaltspunkt zur Klärung Ihrer Thematik zu erhalten, sollten wir uns zunächst damit beschäftigen, was das innere Wesen des Menschen überhaupt ausmacht und warum wir nach Kontakten und Beziehungen mit unseresgleichen, aber auch zu Tieren, Pflanzen und »der Natur« streben.

Der belebende Kern des Menschen ist Geist, diesem ist ein freier Wille zu eigen, der die eigene Entwicklung steuert und bestimmt. Wohin die eigene, innere Ausrichtung geht, bestimmen wir also selbst, tragen dafür aber auch die volle Verantwortung in jeder Richtung und in jeder Beziehung.

Was unsere erwachsenen Mitmenschen betrifft, und seien sie uns auch noch so wertvoll und nahe, können wir deren Entwicklung und persönliche Entscheidungen nicht bestimmen. Wir haben darauf keinerlei Einfluss, solange es der betreffende andere Mensch nicht selbst zulässt.

Daraus folgt, dass wir einzig und allein etwas an uns selbst verändern können, dafür auch verantwortlich sind und einstehen müssen; der andere erwachsene und wiederum nur für sich verantwortliche Mensch geht uns, was seine innere Haltung und Entwicklung betrifft, sachlich gesehen und salopp ausgedrückt, »nichts an«!
Sind wir mit ihm nicht zufrieden, sollten wir uns fragen, warum das so ist. Können wir mit unserem Verhalten an der Tatsache unserer Unzufriedenheit etwas ändern? Falls ja, möchten wir das auch dauerhaft? Wenn wir uns also verändern, um unserer eigenen Unzufriedenheit zu begegnen, so wird uns eventuell auch das gleichbleibende Verhalten des Mitmenschen beziehungsweise ein spezieller Punkt, weswegen wir mit ihm unzufrieden waren, nicht mehr stören. Vielleicht modifiziert der betreffende Mitmensch – freiwillig – dann auch sein Verhalten. Vielleicht aber auch nicht. Trotzdem wäre in jedem Fall der eigenen Unzufriedenheit und allen daraus resultierenden Folgen durch eigene Verhaltensänderung abgeholfen.
Falls wir allerdings feststellen, dass man das eigene Verhalten nicht ändern will oder aufgrund bestimmter Umstände nicht ändern kann und die Beziehung mit dem Nächsten darunter leidet oder auch umgekehrt, so

sollte man sich fragen, welcher gegenseitige Nutzen aus diesem Verhältnis erwachsen kann. Stellt man sachlich fest, dass niemand in der fraglichen Beziehung »aus seiner Haut« heraus kann oder will, es deswegen immer wieder zu Ärger, Frustration und anderen nicht förderlichen emotionalen Zuständen kommt, so sollte man sich grundsätzlich fragen, ob und wie die Beziehung auf ein gegenseitig förderliches Niveau gehoben werden kann. Ist man selbst bereit, sich innerlich zu ändern und damit auf eine gehobene Entwicklungsstufe zu gelangen, wird dies für alle Beteiligten eine Bereicherung sein. Keinesfalls darf man aber hoffen oder gar erwarten, dass sich der andere dann auch ändert. Dies führt immer und ausschließlich nur zu destruktiven Gedanken oder Handlungen und karmischen Verstrickungen. Wenn sich das Gegenüber wirklich und dauerhaft in eine förderliche innere Richtung weiterentwickelt, darf und soll man sich natürlich freuen, die dann wahrscheinlich noch schönere gemeinsame Zeit genießen und dem auch verbal oder auf andere Weise Ausdruck verleihen, andersherum aber nicht.

Stellen wir fest, dass die Beziehungen zu erwachsenen Menschen gegenseitig keine liebreiche Förderung auf der Grundlage von Achtung und Respekt bedeuten, sollten wir

uns fragen, warum wir sie überhaupt beleben. Dies soll wiederum nicht bedeuten, dass nicht auch eigene innere Unzulänglichkeiten zu Frustration und Ärger auf beiden Seiten führen können, dass eigene innere Überwindung und Entwicklung gefragt sind, um auch in einer Beziehung gemeinsam zu reifen. Die Erwartungen dürfen aber nur an uns selbst gestellt werden; sollten wir dann feststellen, dass wir uns zu sehr und besonders ungewollt so verbiegen müssen, damit überhaupt ein einigermaßen angemessenes Zusammensein stattfinden kann, sollten wir uns überlegen, wie gesund solch eine Beziehung ist und entsprechend handeln.
Soziale Kontakte zu anderen Menschen und Beziehungen aller Art dienen ja gerade dem inneren Reifen der Beteiligten, wir brauchen also andere Menschen, um an ihnen und ihrem Verhalten uns gegenüber zu erleben, wo und was bei uns noch abgeschliffen, behoben und bereinigt werden könnte.
Auch die Natur mit ihren Pflanzen und Tieren hilft uns durch ihre Reaktion auf uns und unser Verhalten uns selbst zu erkennen und unsere Entwicklung in die förderliche Richtung zu modifizieren.
Besonders aber enge Beziehungen zwischen Menschen bergen große Erkenntnis- und

Entwicklungsmöglichkeiten für die Beteiligten. Außer der Anziehung der Gleichart wirken aber auch karmische Verstrickungen verbindend, sodass außer dem Potenzial der Selbsterkenntnis (Anziehung der gleichen Art) auch noch die Möglichkeit der Ablösung alter Schuld (Karma) gegeben ist.

Frage 6: *Seit ich mich mit geistigen Fragen befasse, sind meine Beziehungen zu Freunden und Bekannten schwierig geworden.*

Wir befinden uns in einer unruhigen Zeit, in der jeder versucht, auf seine Weise mit der jetzigen Situation umzugehen. So kann es sein, dass uns nahestehende Menschen Probleme mit unserer Sichtweise haben und sich zurückziehen. Das ist natürlich schmerzhaft. Doch man sollte bedenken, dass Beziehungen, die trotz wesentlicher Differenzen weiter gepflegt werden, konfliktreich und nicht aufbauend sind. Außerdem kann sich aufgrund dieser Konflikte ein gegenseitiges Sichverletzen ergeben, das, auf beiden Seiten, bedrückend und belastend wirkt.
Wenn jedoch jemand in Ruhe und Zuversicht seinen Weg geht, auf die Hilfe von oben vertraut, sich an allem Schönen, das uns ja trotz allem in reicher Fülle umgibt, freut, so

wird er, ohne es zu ahnen, wohltuend auf seine Umgebung wirken. Und auch anziehend auf alle die, welche gleiche Ziele oder ein ähnliches Sehnen haben. Auf diese Weise können sich neue, bereichernde Beziehungen ergeben, da hier eine aufbauende Gleichart besteht.

Dass sich die aktuelle Situation ändern muss, ist wohl den meisten Menschen klar. Wie und wann sich diese Änderung vollziehen wird, wissen wir nicht. Wir können jedoch schon jetzt und heute das unsere zum Sieg des Guten beitragen. Nicht warten, bis alles besser wird, sondern getrost selbst beginnen, Gutes zu tun, versuchen, ein Vorbild für die Umwelt zu sein und auf diese Weise manchen Mitmenschen anregen, sein eigenes Tun zu überdenken und zu neuen Erkenntnissen zu gelangen.

Dass das Gute siegen wird, daran besteht nicht der geringste Zweifel. Die einzige wirkliche Kraft, welche die Schöpfung belebt und hält, stammt vom Schöpfer, sie durchdringt und stärkt alles Gute, lässt es gedeihen und sich ausbreiten. Das Falsche hingegen steht im Gegensatz zu der göttlichen Kraft, es wird durch diese zum Sichselbstzerstören gedrängt. Das Falsche wird immer mehr an Einfluss und Kraft verlieren, je mehr Menschen sich dem Guten zuwenden.

Frage 7: *Wie kann ich meinen Ehemann ins Gottvertrauen bringen?*

In dem Werke »Im Lichte der Wahrheit, Gralsbotschaft« wird die Ehe, das allgemeine Verhältnis zu unseren Nebenmenschen, unsere Verantwortlichkeiten, aber auch die notwendige Zurückhaltung in Bezug auf rein persönliche Angelegenheiten des Mitmenschen klar dargestellt. So wird darin beschrieben, wie die Basis einer in den Schöpfungsgesetzen schwingenden Ehe aussehen sollte, nämlich hohe Ziele, gemeinsames Wirken und ein sich gegenseitiges Ergänzen.

Nun sind wir als Erdenmenschen bei Weitem nicht »perfekt«, wir müssen noch lernen, unsere Fähigkeiten gesetzmäßig zu nutzen, lernen, unseren Mitmenschen, besonders auch den Allernächsten, stets respekt- und liebevoll zu begegnen ... Das bedeutet, dass es auch in einer guten Ehe oder anderen innigen Verbindungen, zum Beispiel zu erwachsenen Kindern oder Freunden, Hochs und Tiefs geben kann, dass diese Krisen als Ansporn gesehen werden können, um zu wachsen und als Gelegenheit, damit einer dem anderen weiterhelfen kann.

Wir Menschengeister verfügen über einen freien Willen. So kann und muss in jeder menschlichen Beziehung, auch in der Ehe, jeder Partner für

sich selbst entscheiden, welchen Weg er gehen will und, je nachdem, an den Rückwirkungen der getroffenen Entscheidungen lernen.
Wir können aber durch gutes, vorbildliches Wirken und Verhalten, durch unerschütterliche Überzeugung und Vertrauen in die Schöpfungsgesetze und damit in den Schöpfer bei unseren Mitmenschen und sicher bei unseren Nächsten zumindest Achtung und Respekt hinsichtlich unserer Haltung erreichen. Durch unser gelebtes und gezeigtes Glück und unsere Freude aufgrund unseres eigenen Gottvertrauens und dadurch, dass wir, als lieber, vertrauter Mensch für unsere Nächsten, durch unser Verhalten vorbildlich wirken, kann in dem anderen der Wunsch entstehen, das gleiche beglückende Erleben zu erfahren. Wir können in intensiveren Austausch kommen, und durch die verstärkte Zuwendung und Beschäftigung mit dem Reinen, Hohen und Guten wird der Mensch, der es sich ersehnt, ebenfalls Erleben erfahren, das ihn ins Vertrauen in die Schöpfungsgesetze und damit in den Schöpfer führt.
Zudem gibt es noch die größten Hilfen, die uns Menschen gegeben wurden: das innige Gebet und die Fürbitte.

Frage 8: *In unserer Familie fühle ich mich allein, denn sie schätzt die gegenwärtige Lage anders ein. Was kann ich tun, um meiner Familie zu helfen klarer zu sehen, ohne dass es zu Konflikten kommt?*

Das Heim und die Familie sind der Ort beziehungsweise das Umfeld, wo Harmonie und Liebe herrschen und jeder Kraft und Erholung finden kann. So sollte es jedenfalls sein. Allerdings gibt es in der heutigen Zeit genügend Beispiele, wo das nicht der Fall ist. Dennoch sollten wir das, was eine Familie bedeutet, nicht aus den Augen verlieren.
Jeder Mensch ist auf dem Weg zum Reifen, zum Erkennen, zum Lernen, zum Ablösen von Vergangenem ... Also ist es durchaus verständlich, dass, wenn wir in einer näheren Gemeinschaft leben, sich auch Konflikte bilden. Sehen wir diese Konflikte als Ansporn zum inneren Weiterkommen an, so ist schon viel leichter mit ihnen umzugehen.
Hat die engste Familie kein Verständnis für unsere Sorgen und Ansichten oder unsere Einschätzung der gegenwärtigen Situation, so erleben wir in solchen Momenten immer wieder, dass es sehr schwierig oder gar unmöglich ist, jemanden von etwas zu überzeugen, dessen wir uns sicher sind, unser Gegenüber

jedoch meint, es sei alles ganz anders. Diese Gegensätzlichkeit bildet eine unüberbrückbar erscheinende Kluft.
Mithilfe echter Liebe und echtem Respekt ist jedoch vieles möglich. Denn liebt man jemanden, so respektiert man ihn auch. Hier könnten wir ansetzen: Jemanden, den wir respektieren, versuchen wir nicht in etwas zu drängen, das er von sich aus nicht – oder noch nicht – möchte. Wir lassen ihm seinen freien Willen. Empfinden wir allerdings seine Ansichten als falsch, so würde es dem wahren Wesen der Liebe entbehren, alles einfach auf sich beruhen zu lassen. Was wir tun können, ist zu versuchen, ein Vorbild zu sein. So zu leben, dass sich die Umwelt über die große innere Ruhe und Gelassenheit, die Freundlichkeit und die liebevolle Zuwendung wundert. Und sich dann fragt, woher dieses Vertrauen kommt, um dann selbst den Wunsch zu empfinden, sich für das Neue zu öffnen.

Frage 9: *Dass ich mich mit geistigen Fragen befasse, hatte leider zur Folge, dass mich meine Umwelt nicht mehr versteht. Wie könnte ich mit dieser Situation umgehen?*

Bemüht sich jemand ernsthaft, geistiges Wissen in sich aufzunehmen und auch in die

Tat umzusetzen, also sich innerlich zu wandeln, Altes hinter sich zu lassen, das Leben so gut wie möglich den Schöpfungsgesetzen entsprechend zu gestalten, der Umwelt mit Liebe und Respekt zu begegnen, nur noch das Gute zu wollen und so weiter, hat dies, sobald dieses Sehnen in jemandem verankert ist, zur Folge, dass er sich verändert, lichter wird, strahlt, sich mit froher Zuversicht den alltäglichen Mühen und Sorgen widmen kann und sich dabei über alles Schöne und Gute zu freuen vermag. Dies ist etwas, das sich meist für den Betreffenden unbewusst vollzieht, jedoch von der Umwelt wahrgenommen wird.

Es gibt zwei verschiedene Arten von zwischenmenschlichen Beziehungen. Die einen ergeben sich aus den familiären, beruflichen oder alltäglichen Umständen, es geht hierbei um Menschen, mit denen wir aus irgendeinem bestimmten Grund in Kontakt sind. Darüber hinaus gibt es die anderen Verbindungen, die sich im Laufe des Lebens, oft durch spontanes gegenseitiges Angezogenfühlen, ergeben.

Erstere sind meist von Dauer, sie können karmischen Ursprungs sein, Rückwirkungen oder Möglichkeiten, frühere Fehler auszugleichen, darstellen. Sie existieren im guten, aufbauenden Sinne, indem sich Menschen wiedertreffen, die sich in früheren Leben

nahestanden, um so eine einstige Beziehung auf wohltuende Weise weiterentwickeln zu können.
Die zweite Variante der Kontakte hängt von der momentanen Art des betreffenden Menschengeistes ab. So, wie er strahlt, zieht er, gemäß des Gesetzes der Anziehung der Gleichart, gleichgeartete Menschengeister an – zum gegenseitigen Austauschen, Unterstützen, Weiterhelfen, um aneinander zu lernen oder auch etwas gemeinsam zu schaffen.
Ändert sich nun jemand auf tiefgreifende Weise, so strahlt er ganz anders, er öffnet sich anderen Strömungen, hat andere Ziele als bisher und stützt sich auf andere Werte. Handelt es sich um ein Erwachen zum Guten, wirkt dies entweder anregend und »weckend« auf die den Betreffenden umgebenden Mitmenschen, sie nehmen demzufolge die Veränderung freudig wahr und schließen sich den Bemühungen zum Bessern an. Andere hingegen fühlen sich durch diesen Wandel gestört, sie können die Veränderung nicht nachvollziehen, fühlen sich vielleicht sogar aus ihrem Gleichgewicht gebracht durch die andere Art des Umgehens mit Problemen, dem Alltag oder auch einfach nur der Einschätzung einer Situation. Daraus ergeben sich Ablehnung und Konflikte.
Handelt es sich bei den betroffenen Mit-

menschen um Familienmitglieder und/oder Berufskollegen, so müssen wir versuchen, einen Mittelweg, der durch gegenseitigen Respekt gekennzeichnet ist, zu finden. Sind es Freunde und Bekannte, kann es sein, dass sich diese Verbindungen auflösen, da keine oder nur noch wenig Gleichart vorhanden ist. Allerdings ergibt sich durch das eigene Neuwerden die Möglichkeit, nun auf ganz andere Menschen zu treffen, Menschen, die man bisher vielleicht nur oberflächlich kannte, sie deshalb kaum wahrgenommen hatte, da eben die Gleichart - noch - nicht vorhanden war.
Wer den Weg nach oben schreitet, ist niemals einsam, selbst dann nicht, wenn das Verständnis seiner Umwelt fehlt. Das Sehnen nach dem Licht erfüllt uns mit einem tiefen Glücksempfinden, etwas, das zu einem inneren Reichtum und einem starken Halt wird.

Frage 10: *Jemand, der mir sehr nahesteht, leidet unter einer schweren Krankheit, und ich kann nichts tun, um zu helfen. Dies erfüllt mich mit Wut und Verzweiflung.*

Das vermutlich Schwierigste, das man in einer Beziehung erleben kann, ist, wenn man zusehen muss, wie der geliebte Mensch leidet

und man ihm nicht helfen kann. Außer einfach für ihn da zu sein. Das ist allerdings schon sehr viel.
Dass sich in einer solchen Situation Wut und Verzweiflung einstellen, ist verständlich. Allerdings wirkt dies bedrückend und lässt wenig Platz für Zuversicht und Vertrauen. Es sind jedoch gerade die Zuversicht und der vertrauensvoll nach oben gerichtete Blick, die uns Mut und Kraft verleihen und uns mit dem Lichten verbinden.
Eine große Hilfe in dieser Situation ist das geistige Wissen, das Wissen von den Zusammenhängen des Daseins, von den vielen Hilfen, die uns umgeben, und der unendlichen Liebe Gottes. Dies gibt eine solide Basis, die uns hilft, auch die größten Herausforderungen, die belastendsten und schwierigsten Situationen, zu meistern.
Diese Basis fanden wir in dem geistigen Werke »Im Lichte der Wahrheit, Gralsbotschaft« von Abd-ru-shin. In diesem Werk werden die Schöpfungsgesetze umfassend dargelegt. Dies hilft uns zu erkennen, dass alles gesetzmäßig verläuft, nichts dem Zufall überlassen ist und jeder unumgänglich das erntet, was er säte – etwas, was wir als selbstverständlich in Bezug auf die Natur annehmen (sät man Weizen, erntet man auch Weizen), jedoch selten zur

Kenntnis nehmen wollen, wenn es sich um unser Schicksal und unser Leben handelt.
Alles, was wir erleben, hat einen Sinn und hilft uns zu reifen, zu erkennen oder auch abzulösen. Versuchen wir nur Gutes zu tun, aufbauend und liebevoll zu unserer Umwelt zu sein, dann wird sich das zunächst wohltuend auf alle mit uns in Verbindung stehenden Menschen auswirken. Hinzu kommt, dass diese Saat auch aufgehen wird, dass wir also auch Gutes ernten, das heißt: erleben werden. Dies gibt uns wiederum Kraft, Zuversicht und Freude.
Eine Krise oder Krankheit bietet uns reiches Erleben sowie die Möglichkeit, sich mit Fragen auseinanderzusetzen, die uns für gewöhnlich vielleicht gar nicht interessieren oder die wir in weite Ferne drängten, wie zum Beispiel: Weshalb bin ich hier auf dieser Erde? Was ist der Sinn meines Daseins? Wohin gehe ich, wenn mein irdisches Leben zu Ende ist?
Auch hier hilft das geistige Wissen, klare Antworten zu finden. Alles bekommt einen Sinn, und wir werden uns dessen bewusst, dass alles viel größer und umfassender ist, als wir es uns mit unserem Verstand vorstellen können.
Eine Krise oder schwere Krankheit, die man mit einem geliebten Menschen durchsteht, kann

auch noch etwas anderes vermitteln: Durch das starke und tiefe gemeinsame Erleben kann sich die Verbindung vertiefen, schöner und stärker werden, etwas, das für beide wohltuend ist und bis weit über das irdische Leben hinaus fortdauern wird.

Kapitel 11 · Pandemisches Geschehen

Frage 1: *Die derzeitige Situation belastet mich besonders im Hinblick auf das Maskentragen. Wie kann ich am besten mit teils unschönen Reaktionen meiner Mitmenschen umgehen?*

In diesen Zeiten der verschiedensten Herausforderungen sind unerwünschte und unkalkulierbare Veränderungen, damit verbunden Verunsicherung und Erschütterung, zu erwarten. Diese erzeugen wiederum Ängste, die sich steigernd in Depression und Kapitulation oder aber in Wut und Aggression zeigen können. Aus unserer Wahrnehmung führt der nun verstärkte Lichtdruck zur Verdichtung aller menschlichen Erzeugnisse, wie es sich auch in Bezug auf die Mikrobensituation zeigt.
Wo aber zum Beispiel Freude und Harmonie in den Familien herrschen, dort wird auch das aufgrund der Corona-Pandemie erzwungene, permanente Zusammensein in der Wohnung nicht als Zumutung, sondern als bereichernd und förderlich empfunden. Natur- und Tierfreunde haben zum Beispiel die vermehrte Ruhe geschätzt, während sich überall dort, wo die Dinge nicht auf gesundem Boden stehen, Umwälzungen und Verwerfungen zeigen. Es

kommt buchstäblich alles ans Licht, muss sich offenbaren und wird entweder als gut und brauchbar gefördert werden oder als unwert und falsch aller Menschheit kenntlich und untergehen. Diese Entwicklungen können sich natürlich nicht von heute auf morgen vollziehen, werden auch nicht mit einem sanften Säuseln vorbeigehen, sondern es wird erst nach einem heftigen Gewitter wieder reine Luft zu atmen sein. Je schwerer und stickiger die Atmosphäre, je größer die Druckunterschiede, umso heftiger und länger wird das reinigende Gewitter sein.

Nun zu Ihrem Anliegen: Auch wir müssen uns alle so zeigen, wie wir sind. Das ist eine große Chance, um noch rechtzeitig in Bezug auf uns selbst zu erkennen, wo etwas bei uns noch fehlt und welche Kanten abgeschliffen werden müssen. Bei Unstimmigkeiten und Disharmonien im Umgang mit unseren Mitmenschen sollten wir uns immer hinterfragen und überlegen, was wir damit zu tun haben.

Wie schon einige Dichter und Denker, aber auch Jesus uns sinngemäß passend zu diesem Themenkomplex rieten, sollten wir zunächst bei uns selbst die Fehler suchen und versuchen, uns in die Lage unseres Mitmenschen zu versetzen. So können wir dessen Verhalten oft besser verstehen. Das Verstehen ist der beste Weg zum Vergeben.

Im Fall der Maske sollten wir uns klarmachen, warum wir uns für oder gegen das Tragen entscheiden.
Tragen wir die Maske, weil wir von ihrem Nutzen für uns oder andere überzeugt sind? Oder ist es uns gleichgültig und wir machen es, weil es alle tun? Oder ist es uns gleichgültig, tragen sie aber, weil es Vorschrift ist? Oder sind wir nicht von ihrer Wirksamkeit überzeugt und tragen sie nur deshalb, weil wir die Konfrontation scheuen? Oder tragen wir die Maske nicht, weil wir tatsächlich einen triftigen medizinischen Grund dagegen haben? Oder tragen wir die Maske nicht, weil wir dies einfach ohne speziellen Grund nicht möchten? Oder tragen wir die Maske nicht, weil wir anderer Meinung sind, ohne uns jedoch weiter mit dem Thema beschäftigt zu haben? Oder Tragen wir die Maske nicht, um zu provozieren? Oder tragen wir die Maske nicht, um zu konfrontieren? Oder tragen wir die Maske nicht, weil wir uns eingehend mit dem Thema auseinandergesetzt haben und in dieser Prüfung das Für und Wider meinen abschätzen zu können und so aus Überzeugung dagegen zu sein?
Als denkender und verantwortungsvolle Menschen sollten wir uns in jedem Fall überlegen, was uns das Tragen oder auch das Nichttragen der Maske in nicht-materiellem Sinn kostet.

Ist das Ganze vielleicht nur ein unbedeutender Nebenschauplatz, dem wir nicht so viel gedanklichen Raum und Lebenskraft geben sollten?
Ist die Maske in manchen Situationen tatsächlich nützlich und wichtig, um uns und andere zu schützen? Was sagt das irdische Gesetz? Was sagt das Hausrecht der Institutionen, in denen ich eine Maske tragen sollte? Kann/darf/muss ich mich dagegen auflehnen? Falls ja, mit welchem Ziel? Was erwarte ich diesbezüglich von mir? Was erwarte ich von meinen Mitmenschen?
Sie schreiben, dass Sie keine Maske tragen. Daher gehen wir davon aus, dass Sie entweder einen medizinischen Grund haben oder ein solcher auch ohne medizinische Notwendigkeit attestiert wurde, sodass Sie als Ausnahmeregelung zum Beispiel Geschäfte trotz derzeit geltender gesetzlicher Vorgaben ohne Maske betreten dürfen. Ähnliche Überlegungen werden auch die anderen Besucher der Institutionen, sofern sie überhaupt mitdenken, angestellt haben. Das heißt also für Ihre Mitmenschen im Geschäft, dass Sie, wenn auch nicht zwingend infektiös, so doch trotzdem irgendwie krank sein müssen, da Sie sonst ein solches Attest nicht bekommen hätten. Da derzeit scheinbar jede Krankheit

oder sonstige Besonderheiten in noch größerem Maße als üblich Ängste auslösen und nur die wenigsten Mitmenschen ausreichende medizinische Kenntnisse besitzen, um die Situation überhaupt einigermaßen sachlich beurteilen zu können, entstehen, wie oben schon angedeutet, spezielle Verunsicherungen und Ängste, die sich wiederum in Wut und Aggression äußern können.

Wenn Sie nun Ihren Mitmenschen etwas Hilfreiches sagen möchten, so sollten Sie sich fragen, was genau Sie von den Mitmenschen denken und erwarten und was Ihre eigene Motivation ist. Für eine sachliche Auseinandersetzung wird ja in den seltensten Fällen Zeit und Raum sein.

Können Sie Schmähungen und Beschimpfungen aushalten, ohne verbal oder gedanklich in unschöner Weise zu reagieren und dadurch Karma aufzuladen und mit dem Auslöser in hemmender Art verbunden zu sein?

Die derzeitige Reaktion der Mitmenschen auf Personen ohne Maske in Institutionen, die dies vorschreiben, wird ja in der Mehrzahl der Fälle subtil und ohne verbale Auseinandersetzung sein, sodass Sie dies, wie Sie es auch beschreiben, eher nur spüren und erahnen, ohne angesprochen zu werden. Deswegen ist es aus unserer Sicht wichtig, den eigenen

Handlungshintergrund zu kennen, die treibenden Kräfte, welche die Mitmenschen leiten, versuchen zu verstehen und ihnen vor allem helfende und liebreiche Gedanken zu senden. Wenn wir uns selbst nicht im Griff haben, nicht wirklich überzeugt von unseren eigenen Motiven sind, unwirsch und aggressiv reagieren, wenn wir angegriffen werden (so verständlich es auch sein mag), dürfen wir nichts anderes von unseren Mitmenschen erwarten.

Sobald wir uns aufgeschwungen haben und die oben genannten Bedingungen selbst erfüllen, werden wir trotz Anfechtung nicht mehr darin fallen.

Ein arabischer Philosoph soll sinngemäß folgendes Bild geprägt haben, das uns sehr bewegt:

»Jedes Wort, welches unsere Lippen verlässt, sollte durch drei Tore gehen. Über dem ersten Tor stehen die Worte ›Ist es wahr?‹. Über dem zweiten Tor ist die Frage eingemeißelt ›Ist es nötig?‹ Und das letzte Tor beinhaltet die Frage ›Ist es freundlich?‹.«

Frage 2: *Ich habe ein medizinisches Attest, das bestätigt, dass ich die Maske aus gesundheitlichen Gründen nicht tragen sollte, trotzdem werde ich oft diskriminiert und verbal unschön angegangen.*

Hier ist es so, dass durch die offizielle Berichterstattung und Gesetzgebung, geschürt durch die Meinungen und Medien aller Art, viele Menschen noch mehr als üblich wirklich durch die sogenannte Corona-Pandemie Angst um Gesundheit und Leben haben. Alle diejenigen, die sich nicht an die derzeit geltenden Vorgaben (aus welchen Gründen auch immer) halten, werden als Provokateure, wenn nicht sogar Aggressoren, wahrgenommen, so dass sich auch sonst eher ruhige und besonnene Gemüter teils zu überraschenden und wenig plausiblen Reaktionen hinreißen lassen können. Sie reagieren dann selbst manchmal so unverhältnismäßig und aggressiv, wie sie es den »auslösenden« Personen unterstellen.

Was können wir tun?

Wir sollten versuchen, diese Mechanismen zu verstehen und den Teufelskreis zu unterbrechen. Wenn wir die Situationen besser durchschauen und Verständnis für die Sorgen und Nöte unserer Mitmenschen aufbringen, auch dann, wenn wir anderer Auffassung sind, werden wir nicht starr, können auch einen schwierigen Umgangston oder unschöne Handlungen unseres Gegenübers besser verzeihen und haken uns nicht fest.

Frage 3: *Das Thema Mikrobe führt oft zu Konflikten im Familien- und Freundeskreis. Wie damit umgehen? Darf ich meine Meinung kundtun oder ist es besser, zu schweigen?*

Zurzeit sind wir, man könnte fast sagen, wohin man schaut, von der Mikrobe umgeben. Sie steht oft im Mittelpunkt in der Familie, beim Zusammensein, in Gesprächen ... Allerdings gehen die Ansichten darüber sehr oft auch in verschiedene, wenn nicht gar gegensätzliche Richtungen. Dies kann dazu führen, dass ein sachliches Austauschen von Informationen und Standpunkten zu einer hitzigen Diskussion wird oder sogar in Aggressivität ausartet.
Die Reaktionen auf diese Tatsache sind verschieden. Die einen denken, es sei wichtig, dass sie ihren Standpunkt, der für sie natürlich auch der richtige ist, vertreten und weitergeben können. Andere finden, es würde zu viel für sie, und sie wollen von all dem gar nichts mehr wissen. Wieder andere werden durch die verschiedenen Ansichten verunsichert, was zu Angst oder gar Panik führen kann.
So können wir erleben, wie schwierig es ist, wenn wir das Bedürfnis verspüren, uns über dieses im Moment für uns alle so wichtige Thema auszutauschen. Im einfachsten Fall spricht man mit Menschen, die derselben

Ansicht sind wie wir. Dies ist jedoch oft nicht der Fall. Nun gilt es abzuwägen, wie wir uns den Menschen nähern, die eine andere Ansicht vertreten als die unsere oder von all dem gar nichts mehr wissen möchten.

Ist es in der Familie und am Arbeitsplatz schwierig, über das Thema Mikrobe zu sprechen, aus welchem Grund auch immer, so sollten wir uns dessen bewusst sein, dass es bei jeder zwischenmenschlichen Beziehung zwei Seiten gibt. Es könnte sein, dass wir den Eindruck haben, dass wir uns verbiegen müssten, wenn wir Rücksicht auf die Familie und/oder die Menschen am Arbeitsplatz nehmen. Betrachten wir die andere Seite, so könnte es sein, dass diese sich bedrückt oder nicht respektiert fühlt, wenn wir unsere Ansichten kundtun.

Wir denken, dass wir uns besonders in der Familie um einen Zwischenweg bemühen sollten: Die Ansichten anderer so ernst nehmen, wie wir es uns selbst auch von unseren Ansichten wünschen, mit Feingefühl und Respekt auf die Sensibilitäten der Familienmitglieder eingehen und Verständnis für deren Ansichten zu zeigen versuchen. Dann könnte es sein, dass sich ein gegenseitiges Öffnen ergibt, was zu aufbauendem und harmonischem Austauschen führen kann.

Frage 4: *Trotz ausführlicher Diskussionen im Familienkreis haben sich unsere erwachsenen Kinder dazu entschlossen, sich impfen zu lassen. Dies betrübt mich sehr, weil ich mir Sorgen besonders hinsichtlich der Nebenwirkungen mache.*

Wir können dem geistigen Wissen der drei Bände »Im Lichte der Wahrheit, Gralsbotschaft« entnehmen, dass wir Menschengeister uns auf einem Entwicklungsweg befinden, dass wir durch Erleben zu Erkenntnissen gelangen und so unsere Persönlichkeit formen und ebenfalls durch manchmal zutiefst berührendes Erleben lernen können, den Schöpfungsgesetzen entsprechend zu denken, zu sprechen und zu handeln, um so später wiederum in das geistige Reich, oder Paradies, zurückkehren zu dürfen. Damit sich dies vollziehen kann, wurde uns Menschen der freie Wille geschenkt. So ist es wichtig, sogar unabdingbar, dass jeder erwachsene Menschengeist frei und ohne Druck oder beeinflusst zu werden, seine eigenen Entscheidungen treffen und so handeln kann, wie er es als richtig empfindet. Stellt sich später heraus, dass es eine Fehlentscheidung war, so kann er an den sich daraus ergebenen Folgen lernen, manchmal auch durch Leiden, was dann dazu führt, dass er denselben Fehler

nicht nochmals macht.
Den oben erwähnten Ausführungen können wir entnehmen, dass wir auch den uns am nächsten Stehenden, selbst in Bezug auf die Impfung, ihren freien Willen bei Entscheidungen lassen müssen – etwas, das auch unsere Umwelt uns entgegenbringen muss. Dies führt zu Beziehungen, die auf gegenseitigem Respekt, Wohlwollen und Liebe basieren, das einzig Aufbauende und gegenseitig Beglückende.
Die Sorgen um die Auswirkungen dieser Impfung sind verständlich, wenn auch niederdrückend. Doch so wie diese Sorgen belasten können, genauso, wenn nicht sogar stärker, können gute, helfende und liebevolle Gedanken stützen und von Nutzen sein, da sie von der reinen Kraft des Schöpfers durchdrungen sind. So kann eine erfolgte Impfung auf diesem Wege der gedanklichen, förderlichen Unterstützung auf jeden Fall besser gemeistert werden.

Frage 5: *Mein schon erwachsener Sohn hat sich entgegen meines Rates impfen lassen, wie wird ihn dies beeinflussen? Es bricht mir das Herz …*

Wie wir der Gralsbotschaft entnehmen können, kann etwas rein Grobstoffliches (wie eine Impfung) Geistiges, also hier den Geist Ihres Sohnes, nicht direkt beeinflussen. Ihr

Sohn bleibt, wie er ist, er bleibt ein liebevoller, gütiger Mensch, ob mit oder ohne Impfung. Diese kann nur unmittelbar den Körper treffen, beeinflussen oder ihm schaden, niemals den innersten Kern, das eigentliche Ich.

Natürlich besteht eine enge Verbindung zwischen unserem Erdenkörper und unserem in ihm inkarnierten Geist. Alles, was wir zu uns nehmen – Speisen, Getränke, Alkohol, Medikamente oder eben eine Impfung – hat Auswirkungen auf die Blutausstrahlung und somit auf die Verbindung zum Geist. So kann etwas, das in unseren Körper eindringt, die Verbindung zum Geist zeitweise stören oder schwächen. Dies bedeutet, dass der Geist einerseits sein Wollen weniger kraftvoll im Irdischen ausdrücken kann und andererseits, dass er die ihn umgebende Wirklichkeit nicht so klar wahrnimmt wie bisher.

Wie in der Gralsbotschaft beschrieben wird, ist der Geist immer der Stärkere. Wir sind nicht den Einflüssen der Materie ausgeliefert. Wir können uns bewusst mit oben, dem Lichten, verbinden, im Gebet um Hilfe bitten, für uns selbst, jedoch auch für die, die wir lieben.

Diese stärkenden Kräfte können Ihrem Sohn helfen, mit den Auswirkungen der Impfung umzugehen. Liebevolle, unterstützende Gedanken bewegen sich auf deren Inhalt zu, also

hier Ihren Sohn, umgeben ihn auf helfende und stützende Weise. Ihr Sohn kann diese helfenden Kräfte umso besser aufnehmen, da sie von seiner Mutter ausgehen, also jemandem, der eine natürliche innige Verbindung zu ihm hat.
Dass es Ihr Herz bricht, weil Ihr Sohn diese Impfung vorgenommen hat, ist sehr gut verständlich. Doch auch der Schmerz äußert sich in Gedanken und Empfindungen, die nicht »nichts« sind, sondern, da sie in Verbindung zu Ihrem Sohn stehen, sich zu ihm hinbewegen und genauso wie die guten, helfenden und aufbauenden Gedanken Spuren bei ihm hinterlassen.
Ein erwachsenes »Kind« steht eigenverantwortlich im Leben und ist zum selbstentscheidenden Erwachsenen geworden. Er ist dabei, durch die Entscheidungen, die er mit seinem freien Willen trifft, sein Leben zu gestalten und dadurch die in ihm liegenden Fähigkeiten zu entwickeln. Fehlentscheidungen sind dabei möglich – etwas, das, wenn wir unser Leben betrachten, bei uns Eltern auch vorkommen kann. Bringt eine solche Fehlentscheidung Leid und Schmerz, so kann der Betroffene daraus lernen, das Falsche, nicht in den Schöpfungsgesetzen schwingende, erkennen, sich innerlich wandeln und in Zukunft denselben Fehler nicht mehr machen,

was aus geistiger Sicht ein Gewinn ist.
Würden wir – im Gegenteil – stets und sobald wir vom geraden Wege abweichen möchten, zurückgehalten und auf den richtigen Weg gedrängt, so würde uns wohl der Schmerz und das Leid erspart bleiben, aber unser Geist, das eigentliche Ich, hätte nichts gelernt und würde, sobald sich eine ähnliche Situation ergibt, wieder dieselbe Fehlentscheidung treffen.
Natürlich dürfen wir unsere Sichtweise kundtun, versuchen, unseren Kindern das Falsche einer Situation aus unserem Blickwinkel darzustellen – etwas, das zu einem bereichernden Austausch führen kann. Anschließend sollten wir jedoch loslassen und unseren erwachsenen Kindern vertrauen.
Es gibt Menschen, die aus ihrem Verständnis der gegenwärtigen Lage heraus denken, dass sie nicht nur sich selbst, sondern auch ihren Mitmenschen etwas Gutes tun, wenn sie sich impfen lassen. Selbst wenn wir dies anders sehen, so sollten wir uns deshalb ihnen gegenüber nicht verurteilend verhalten. In dem Sinne denken wir, dass Sie Ihrem Sohn mehr helfen, indem Sie seine Entscheidung akzeptieren und so eine gegenseitige harmonische und liebevolle Beziehung behalten, als dass Sie beide durch die so belastete Beziehung leiden werden. Denn was Ihrem Sohn gerade in Bezug

auf die Impfung am meisten hilft, ist vor allem Ihre Unterstützung und Ihre Liebe.

Frage 6: *Auf uns wirken die einschränkenden Auflagen sehr bedrückend. Wir haben den Eindruck, unsere Lebensqualität zu verlieren.*

Wir leben in einer Zeit, in der es immer schwieriger wird, den Überblick zu bewahren, zu wissen, was nützlich ist, was nicht nützlich ist oder wo man sich anpassen sollte. Wir werden von allen Seiten gefordert, gedrängt ... und sollten doch fest und stabil im Leben stehen.
Wir sollten uns dessen bewusst sein, dass das einzig Lebendige in uns unser Geist ist, also dass das eigentliche Leben unser Innenleben ist. Äußere Lebensumstände, Geschehnisse des Alltags, aber auch gesellschaftliche Auflagen, von denen es im Zusammenleben mit zahlreichen Menschen viele gibt, färben auf unseren Alltag ab und können einerseits erleichternd wirken, andererseits aber auch einschränkend bis bedrückend.
Sind wir uns dessen bewusst, weshalb wir hier auf dieser Erde leben, was der eigentliche Sinn unseres Erdendaseins ist – sich innerlich zu entwickeln, zu vervollkommnen und zu reifen –, so hilft uns dies Wesentliches vom

Unwesentlichen zu trennen. Wir leben in einer Zeit des Umbruches, des Neuwerdens. Wie dies für jeden anderen Übergang gilt, so ist es auch hier: Diese Phase kann keine geruhsame Zeit sein, denn wir müssen wach werden. Wach jedoch im rechten Sinne.

Nicht das Äußere muss sich ändern, sondern wir Menschen, jeder für sich selbst. Wenn dann die Zeit kommt, da jeder gütig, liebe- und verständnisvoll mit seinen Mitmenschen umgeht, alle mit Respekt behandelt auch dann, wenn jemand andere Ansichten vertritt, so wird das Leben einfach und schön werden, Beziehungen werden fruchtbar sein und wir werden jeden Tag mit Freude begrüßen können. In dem Sinne denken wir, dass wir all den äußeren Auflagen gar nicht so viel Bedeutung beimessen sollten. Wenn wir uns dagegen auflehnen oder uns darüber ärgern, so setzen wir nichts Aufbauendes in die Welt, sondern nähren im Gegenteil noch all die belastenden Formen von Widerstand und Ärger und vermehren, ungewollt, gerade das, was wir eigentlich vermeiden möchten.

Wir könnten – im Gegenteil – durch Freundlichkeit ein Vorbild sein und zeigen, dass man, stellt man das Wesentliche in den Mittelpunkt, nämlich den Menschen, und nicht Äußerliches, wie zum Beispiel die Maske, seiner

Umgebung sehr viel Gutes und Wohltuendes vermitteln kann, auch in der heutigen Zeit.

Frage 7: *Ich habe von geheimen Plänen zu Einschränkungen gelesen, etwas, das mich sehr bedrückt und ängstigt. Wie kann ich damit umgehen?*

Wir leben in einer Zeit, in der wir von Informationen überschüttet werden: tatsächliche, richtige, aber auch falsche. Sind wir uns nicht sicher, ob eine Mitteilung den Tatsachen entspricht, so sollten wir vorsichtig sein, sie nicht weitergeben und vor allem uns nicht durch sie ängstigen lassen.
Wenn uns zu irgendeiner Frage Ängste und Sorgen ergreifen, wie bei dem von Ihnen angeführten Beispiel, und es handelt sich um etwas, das vielleicht nicht, auf alle Fälle noch nicht, existiert, so belasten wir uns und gleichzeitig auch unsere Familie und Umgebung unnötigerweise. Diese Sorgen und Ängste bilden eine hindernde Schicht für das Gute und Hoffnungsvolle. Wir unterstützen damit Nichtaufbauendes, nähren also genau das, was wir eigentlich meiden wollten, nämlich das Niederdrückende.
Vielleicht waren Sie auch schon einmal in einer Situation, in der Sie etwas auf sich

zukommen sahen, etwas, das Sorge und Ängste verursachte. Da die Situation noch nicht konkret war, so handelte es sich hier auch nicht um ein Erleben des Geistes, sondern es waren Überlegungen und Befürchtungen des Verstandes.
Ist das Ereignis dann tatsächlich eingetroffen, so zeigt sich die Realität meist anders als erwartet. Wir vermögen ihm viel gelassener zu begegnen als befürchtet, sehen Möglichkeiten und Wege, damit umzugehen – dies deshalb, weil wir nun im echten Erleben stehen, dem lebendigen Erleben des Geistes. Wir können uns den Hilfen von oben öffnen und uns führen lassen.
Wenn Ängste uns zu erfassen suchen, berechtigte oder nicht berechtigte, dann dürfen wir unseren Blick vertrauensvoll nach oben wenden und im innigen Gebet um Mut und Zuversicht bitten.

Frage 8: *Sollten wir uns nicht dagegen wehren, eine Maske zu tragen?*

Zurzeit gehört das Masketragen zu den Auflagen der Behörden. Wenn man denkt, dass dieses Tragen keinen Sinn ergibt und man sehr gut in der heutigen Zeit ohne Maske würde leben können, so sehen und empfinden dies andere Menschen jedoch nicht so. Für sie bedeutet die Maske einen echten Schutz, auch einen Schutz anderen gegenüber. Sie kennen bestimmt das Sprichwort, welches sagt, dass »unsere Freiheit da aufhört, wo die Freiheit unseres Nächsten beginnt«. Wir befinden uns in einer Gemeinschaft. Sobald wir in Kontakt mit Mitmenschen sind, können wir nicht mehr nur nach eigenem Ermessen handeln, wenn wir unsere Mitmenschen nicht verletzen oder ihnen Schaden zufügen wollen.

Befinden wir uns nun an irgendeinem öffentlichen Ort und entscheiden, trotz Maskenpflicht keine Maske zu tragen, dann ergeben sich Reaktionen: vielleicht freundliche Hinweise, meist jedoch ärgerlicher bis aggressiver Natur. So etwas wirkt verletzend und bedrückend, es wird schwierig, eine gelassene und heitere Stimmung beizubehalten. Auch wenn die Reaktionen nicht ausgesprochen werden, so sind die Gedanken und die Haltung der Mitmenschen abwehrend. Man kann sich fragen, ob die Maske es wert ist, sich damit zu belasten.

Sich gegen das Masketragen aufzulehnen, ist auch für denjenigen, der sich auflehnt, schädlich. Wenn man etwas mit Unwillen tut, sich über etwas aufregt oder ärgert, so versteift sich der Körper. Die Atmung wird nicht tief

und natürlich sein – etwas, das man vermehrt empfindet, wenn man gleichzeitig dennoch eine Maske tragen muss.
Wir wünschen uns eine bessere Welt, in der für Aggressionen und Ärger kein Platz mehr sein sollte. Stört uns etwas, so sollten wir uns mit Bedacht und unvoreingenommen damit befassen, andere, die einer Frage gegenüber anders empfinden, nicht verurteilen, sondern offen sein dafür, dass man in bestimmten Fragen verschiedene Ansichten teilen kann – ohne, dass unbedingt das eine richtig und das andere falsch ist.
Masken sind als Schutz gedacht, und so werden sie von vielen Menschen wahrgenommen, ob dies nun tatsächlich der Fall ist oder nicht. Wenn wir etwas ändern möchten oder etwas an unsere Mitmenschen weitergeben, so sollten wir dies auf eine Weise tun, die als vorbildlich empfunden wird. Wenn sich dann offene Gespräche ergeben, wird uns diese Gelegenheit die Möglichkeit geben, manches zu vermitteln und Anstöße zu geben. Auch dies trägt dazu bei, einer besseren Zeit den Weg zu bereiten.

Frage 9: *Ich habe während meines Urlaubs die durch die Pandemie bedingten Einschränkungen kaum festgestellt. Dies so zu erleben, war schön, aber nun ich habe den Eindruck, nach Hause zurück in ein »Gefängnis« zu müssen.*

In einem Land zu leben oder dort für kurze Zeit den Urlaub zu verbringen, ist nicht dasselbe. Es ist schön, dass Sie Ihren Urlaub so entspannt erleben konnten, die Einschränkungen nur ganz diskret im Hintergrund, obwohl dies im Alltag für die Einwohner nicht unbedingt genauso ist.
Die Situation, in der wir uns jetzt befinden, hat sich nicht von heute auf morgen ergeben. Dass die Mikrobe der Ausgangspunkt aller Übel zu sein scheint, wie es vielfach dargestellt wird, ist aus unserer Sicht jedoch nicht richtig. Sie ist nur ein Auslöser oder Beschleuniger für Geschehnisse, die wir alle auf der Erde inkarnierten Menschen brauchen, um geistig wach zu werden, um das Wesentliche zu erkennen, falsche Wege zu verlassen und durch richtiges, gottgewolltes Wirken zu ersetzen. Dies geschieht ebenfalls nicht von heute auf morgen, wir befinden uns in einer Zeit des Überganges, des Neuwerdens, aber auch des Loslassens alles Belastenden und Falschen.
In den drei Bänden »Im Lichte der Wahrheit,

Gralsbotschaft« wird die heutige Zeit mit der Empfindung nachvollziehbar beschrieben. Dieses Werk weist auch auf die allumfassenden Auswirkungen der Schöpfungsgesetze hin, erklärt, wie alles einen Sinn ergibt und jedes Erleben uns helfen kann, innerlich zu reifen und zu wachsen.

Das Land, in dem wir leben und vermutlich auch geboren wurden, ist kein »Zufall«; wir befinden uns genau an dem Ort, der unserem inneren Wesen entspricht und für unser inneres Vorwärtskommen nützlich ist. Wir sollten das Erleben, das diese Zeit uns bietet, nutzen, versuchen zu erkennen, wo wir gebraucht werden, wo und wie wir etwas weitergeben können mit unserer Art, unserem Wesen, vielleicht auch unserer Zeit oder unserer Zuwendung.

Ein Ortswechsel oder Auswandern kann natürlich auch zum Lebensplan gehören. Wenn dies richtig ist, so werden sich auf natürliche Weise Hinweise ergeben oder Möglichkeiten bieten. Ist dies der Fall, so werden Sie auch die Hilfen und die Unterstützung spüren, um diesen Wechsel umzusetzen.

Das Wesentliche für uns sind weniger die äußeren Umstände, obwohl diese natürlich auch ihre Wichtigkeit haben, als vielmehr unser Inneres, unsere Einstellung jedem Ereignis des täglichen Lebens gegenüber. Wenn wir alles auf uns Zukommende zuversichtlich und dankbar wahrnehmen, so erleben wir, wie bereichernd und beglückend auch der »unscheinbare« Alltag sein kann. Befassen wir uns mit geistigen Fragen, mit den hohen, edlen Werten, der Natur, die uns immer wieder neu beschenkt, so verleiht uns dies eine Zufriedenheit, die uns einen festen Halt gewährt. Dann wird unser Inneres so reich sein, dass uns Äußeres nicht mehr so schnell aus dem Gleichgewicht und um den inneren Frieden bringen kann.

Kapitel 12 · Tiere

Frage 1: *Meiner Meinung nach sollten wir Menschen kein Tier einschläfern, da der Tod nach den Schöpfungsgesetzen eintritt und wir nicht vorgreifen dürfen. Was sagen Sie dazu?*

Es ist sicher immer sehr schwer, Derartiges entscheiden zu müssen.
Sie schreiben, dass wir solche Entscheidungen den Schöpfungsgesetzen entsprechend nicht treffen dürften. Der Schöpfer hat mit den Naturgesetzen seinen Willen für die Schöpfung kundgetan. Demnach wäre in der freien Wildbahn ein Tier, das nicht mehr aufmerksam genug ist, sich nicht mehr schnell genug bewegt, nicht flüchten oder sich verteidigen kann, dem relativ raschen Tod durch Fressfeinde oder Verdursten geweiht.
Ein Tier hat keine Angst vor dem Tod, da es für das Tier (wie auch für uns) nur eine Wandlung und somit auf jeden Fall einen Entwicklungsfortschritt bedeutet. Es wird auch wieder inkarniert werden, in jedem Fall aber wieder als Tier (nicht als Pflanze oder Mensch).
Wenn wir Tiere domestizieren und damit ihre angestammten Lebens- und Entwicklungsumstände verändern, so müssen wir auch in Betracht ziehen, dass sie anders ins Leben

treten, wie zum Beispiel durch Zucht und menschliche Auslese, wie auch nicht mehr in natürlicher, oben genannter Weise aus dem Leben scheiden können.
Wir empfehlen diesbezüglich Ihrem Tierarzt zu vertrauen, der sicher Erfahrung hat und kein Tier einschläfern würde, das von seinen Menschen liebevoll gehegt und gepflegt wird, wenn es nicht wirklich eine angemessene Reaktion auf den körperlichen Zustand des Tieres ist.

Frage 2: *Können wir Tieren helfen, die krank sind oder sonst leiden?*

Wenn wir die Tiere beobachten, können wir sehen, wie sie sich instinktiv anders verhalten, wenn es ihnen nicht gut geht. Beispielsweise, dass Hunde plötzlich Gras fressen, um anschließend zu erbrechen, was sich auf den Körper reinigend auswirkt. So könnte man davon ausgehen, dass es wichtig ist, unsere Tiere in ihren natürlichen und instinktiven Bedürfnissen zu unterstützen.
Wir können noch etwas anderes für unsere Tiere tun. Sie stehen den uns umgebenden helfenden Naturwesen näher als wir Menschen und können somit auch vermehrt deren Hilfen aufnehmen. Nun können und dürfen

wir Menschen uns an diese Wesen wenden und sie um Hilfe für unsere Tiere bitten. Dies entweder durch gesprochene Worte oder auch nur innerlich, als eine tief empfundene Bitte.
Und wenn wir dann sehen, dass unseren Tieren Hilfe zuteil wurde, dass es ihnen besser geht und wir diesen Wesen einen ebenfalls tief empfundenen Dank senden, dann freuen sie sich sehr darüber.

Frage 3: *Mein treues und geliebtes Tier liegt im Sterben. Wird es im Jenseits weiterleben?*

Ihr Thema ist sehr bewegend und wird alle noch einigermaßen empfindsamen Menschen berühren.
Bei dieser Thematik ist es unseres Erachtens nach wichtig zu wissen, was eigentlich der Unterschied zwischen Mensch und Tier ist.
Zur Beantwortung Ihrer Frage stützen wir uns auf das Werk »Im Lichte der Wahrheit, Gralsbotschaft«, in dem eine Antwort auf jede Lebensfrage zu finden ist.
Der belebende Kern des Menschen ist Geist, diesem ist ein freier Wille zu eigen, der die eigene Entwicklung steuert und bestimmt. Das Tier hingegen hat als belebenden Kern Wesenhaftes, das keinen eigenen freien Willen besitzt, sondern in jedem Fall seiner

Natur entsprechend den Schöpfungsgesetzen gehorcht. Die innere Entwicklung der Tierseele folgt immer den Schöpfungs- oder Naturgesetzen, sofern es der Mensch nicht davon abhält. Wenn der Mensch in diese natürlichen Prozesse eingreift, trägt er dafür die Verantwortung; das Tier, das keinen freien Willen und damit auch keine Verantwortung besitzt, ist immer »unschuldig«, deswegen hat es nach seinem irdischen Ableben nichts zu befürchten, sondern kommt nach unseren Begriffen immer sofort »in den Himmel«. Das heißt, dass die Tierseele in lichte und schöne Gefilde aufsteigt, wo sie ihre Gruppe findet, dort die auf Erden gesammelte Erfahrung einbringt und somit die je nach Entwicklungsstufe größere oder kleinere Gruppenseele bereichert.
Dass eine Tierseele einen Teil einer Gruppe bildet, wird am ehesten klar, wenn man sich Fischschwärme, Ameisen oder Herdentiere denkt. Je höher entwickelt eine Tierseele ist, je individueller zeigt sich das Tier. Was dessen Seelenform am längsten und beständigsten zusammenhält, ist die stärkste Kraft, die es gibt: Liebe.
Hat ein Tier Liebe zu einem Menschen gefasst, so bringt diese Bindung an den Geist aus freien Stücken Kraftzufuhr, welche die Tierseele in ihrer Form hält.

Auf dieser Grundlage ist es vorstellbar, dass eine Tierseele in dieser Form wieder inkarniert werden könnte.
Dass Tiere nach ihrem irdischen Ableben nichts zu befürchten haben, es im Gegenteil sicher häufig deutlich besser antreffen als derzeit in der Obhut vieler Menschen, kann vielleicht diesbezüglich trauernden Menschen ein hilfreicher Trost sein.

Kapitel 13 · Persönliches Entfalten

Frage 1: *Wenn Gott keine Fehler macht, welchen Nutzen hat dann der Mensch für die Erde?*

Der Mensch könnte und sollte einen großen Nutzen für die Erde und auch alle anderen Schöpfungsebenen haben, in denen er wandeln und sich entwickeln darf. Mittels seiner Reifung und seinen zunehmend bewussten Handlungen aus dem Geist heraus würde er zur Hebung und Veredelung aller natürlichen Einrichtungen und aller Kreaturen auf seinen Wegen durch die Schöpfung sowie besonders auch auf der Erde beitragen.

Unser Weltenteil, der die Erde umschließt, ist ja nur ein winziges Fleckchen in der gesamten Schöpfung, was uns schon durch den uns zugänglichen Blick in die Sterne bewusst werden kann. Umso mehr, wenn wir uns mit diversen Hilfsmitteln den uns bisher bekannten Weltraum erschließen – dann sollte uns unsere Bedeutung im Gesamtgeschehen deutlicher bewusst werden.

Unsere Erde, so großartig und wundervoll sie sich auch zeigt, ist doch im Gesamtkontext winzig und unbedeutend. Außer uns zur Entwicklung hier befindlichen Menschengeistern

ist niemand darauf angewiesen. Die Natur im weitesten Sinne braucht uns nicht!
Alles andere, das Leben hat und sich gleichfalls hier entwickeln möchte (Pflanzen, Tiere), würde auch ohne Erde anderswo in der Schöpfung die gleichen Möglichkeiten bekommen, da nichts, was innerlich rein in den Schöpfungsgesetzen schwingt, vernichtet wird.
Was ist also der Unterschied zwischen uns Menschen und allen anderen Kreaturen auf der Erde?
Uns Menschengeister zeichnet der sogenannte »freie Wille« aus, das heißt, dass wir entweder durch freiwilliges Vertrauen oder durch eigene Erkenntnis uns selbst für das, was wir »das Gute, Hohe und Reine« nennen, entscheiden dürfen und müssen, während Tiere und Pflanzen ohne solche Entscheidungsmöglichkeit in ihrem Wesenskern immer in den Schöpfungsgesetzen schwingen. Aus diesem Grund entwickeln sich Tiere und das, was die Pflanzen belebt, zu einem Bewusstsein; wir Menschen im Unterschied dazu aber zum Sichselbstbewusstsein.
Deswegen können und sollen wir Menschen uns im Unterschied zu allen anderen Kreaturen auf der Erde fragen, warum wir überhaupt da sind, was unser Lebenszweck ist, wo und wie es über dieses Leben hinaushingeht und,

als Größtes und Höchstes, auch die Frage nach einer deutlich übergeordneten Macht stellen können und sollen, die uns bei der wirklichen und tief empfundenen Gotterkenntnis über alles sagbare Maß glücklich macht und wir uns damit selbstverständlich den gottgegebenen Schöpfungsgesetzten freiwillig und dankbar fügen.

So könnten wir den Entwicklungsweg, den man auch mit der Schule vergleichen kann, auf dieser Erde und in dem sie umgebenen Jenseits abschließen, könnten als gereift und uns selbstbewusst weiterhin freiwillig und glückselig im sogenannten Paradies die Aufgaben angehen, die den gereiften Menschengeistern zukommen, eventuell vergleichbar mit der weiterführenden Ausbildung und dem allgemein hilfreichen Arbeitsleben nach erfolgreichem Schulabschluss.

Sie können sich sicher vorstellen oder haben es auch selbst erlebt, dass es immer wieder Schüler gibt – um bei dem Vergleich mit der Erdenlaufbahn als Schule zu bleiben –, die selten oder niemals aufpassen, ihre Aufgaben nicht oder unvollständig erledigen, die andere noch ablenken und stören und die das Klassenziel auch in der Wiederholung nicht erreichen.

Die Lehrer sind übrigens vergleichbar mit den Lebenslehrern, also zum Beispiel erfahrenen

und weit gereiften Menschengeistern oder auch anderen höheren Wesenheiten, die uns schöpfungsgesetzmäßig vorgesehen helfen und ausbilden sollen bis hin zu spezieller Nachhilfe durch beispielsweise die Propheten und den Gottessohn selbst.
In unfassbarer göttlicher Gnade wird uns immer wieder und überall geholfen, auch wenn wir uns widerwillig, abgestumpft, dumm und als eigentlich jeder Hilfe unwert zeigen.
Zwingen zum Guten, Reinen und Hohen kann uns aber niemand, auch keine göttlich Macht, da in unserem Wesenskern der freie Wille verankert ist und uns als Mensch ausmacht. Dies zeigt allerdings keine Unvollkommenheit der Schöpfungsgesetze, sondern nur unsere persönliche Schwäche, trotz größter und sorgfältigster Pflege nicht richtig wachsen zu wollen.
Solches passiert in der großen Entfernung, die zwischen uns und dem Paradies liegt, und ist im Gesamtgeschehen nicht weiter tragisch.
Sie können es mit der Aussaat von Graskeimlingen in irgendeinem weit entfernten Gartengrundstück vergleichen: Falls einige der Keimlinge nicht sprießen und wachsen, so ist dies nicht ungewöhnlich und auch gut verkraftbar. Es stellt selbst dann kein Problem dar, wenn kaum ein Grashalm groß genug würde und man die gesamte Fläche nach ausreichender

Zeit nicht als Wiese bezeichnen kann. Das ist zwar bedauerlich, aber für den Gärtner nicht lebensnotwendig und für alle übergeordneten Instanzen noch weniger bedeutsam, zumal es sich bei uns Menschengeistern wirklich nicht um eine notwendige Aussaat handelt.
Wir werden uns aber leider viel zu selten oder gar nicht der Gnade bewusst, die es bedeutet, dass wir überhaupt leben dürfen; im Gegenteil stellen wir meist noch die Geduld unserer natürlichen Lehrer und noch mehr aller übergeordneten Instanzen auf eine harte Probe, halten uns für höchst wichtig und bedeutsam, kurz: Wir sind größenwahnsinnig und haben auch diesbezüglich keine gesunde Selbsteinschätzung.
Wir alle wissen doch, dass die Erde und das Universum nicht unendlich sind; schon deswegen sollte uns klar sein, dass diese Schulzeit hier auf Erden ebenfalls nicht unendlich fortgeführt werden kann und wird.
Falls wir unsere Lebensgrundlage, das heißt unsere Erde, vorzeitig durch eigene Schuld und eigenen Ungehorsam ruinieren, so wäre dies natürlich schrecklich, aber nur für uns Menschengeister (nicht für Tiere und Pflanzen) tragisch und vernichtend für alle, die diese Schule noch nicht erfolgreich abgeschlossen haben, gleichbedeutend mit der in der Bibel

beschriebenen »ewigen Verdammnis« und dem »ewigen Tod«.

Wir könnten und sollten schon in unserer Schulzeit auf der Erde, wie oben beschrieben, diese je nach Fähigkeit und Kenntnisstand veredeln und sicher niemals einer Mitkreatur unnatürliches Leid zufügen.

Unsere inneren Anlagen und auch unsere Lehrer helfen uns dabei, die förderliche Richtung in der Entwicklung einzuhalten, sofern wir sie nicht willkürlich immer wieder außer Acht lassen und durch Besserwissenwollen oder Stumpfsinn gegen die natürliche Ordnung verstoßen.

Sie haben doch sicher schon Gebäude und Gärten gesehen, die sich harmonisch und veredelnd in die Landschaft eingefügen, und Sie kennen sicherlich Menschen oder sind auch selbst ein solcher, der mit Tieren und Pflanzen einen respekt- und liebevollen Umgang pflegt. Dadurch gedeihen Pflanzen erwiesenermaßen besser und bei Tieren bemerkt jeder noch einigermaßen innerlich lebendige Mensch die Wirkung und auch die Resonanz, wenn wir uns im förderlichen Sinne artgerecht um sie kümmern.

Tiere und Pflanzen sowie der ganze Schöpfungsteil, auf dem wir uns befinden, könnten und sollten von der geistigen Kraft, die den

Menschen belebt und durchströmt, profitieren. Es ist eine zusätzliche und stärkere Frequenz, die in einem hohen Maße eine förderliche Wirkung auf alle natürlichen Einrichtungen haben kann und soll, wenn sie dem Zweck entsprechend Verwendung findet. Umgekehrt kann diese Frequenz eine destruktive Wirkung erzeugen, wenn sie nicht richtig angewendet wird, vergleichbar zum Beispiel mit dem elektrischen Strom, wenn er nicht fachmännisch benutzt wird.

Mit richtiger Anwendung der geistigen Energien zur förderlichen Entwicklung hätten der Planet und alle Kreaturen, die auf ihm leben dürfen, das natürliche Gleichgewicht erreicht, der Kreislauf wäre nach oben schwingend und für alle veredelnd, und wir Menschengeister würden so unsere Aufgabe in der Schöpfung erfüllen, uns wie gewollt entwickeln, uns gegenseitig und allen Kreaturen helfen, beim Aufstieg unterstützen, und könnten somit alle die »Abschlussprüfung« schaffen, die darin besteht, uns als in diesem Sinne vollwertige Menschen zu zeigen.

Es ist ausschließlich unsere eigene Schuld, wenn wir das Klassen- und letztlich das Schulziel nicht erreichen, denn alles war und ist bestmöglich für uns vorbereitet, Begleitung und Hilfen stehen überall zu Verfügung, wir müssen sie nur erkennen und nutzen!

Frage 2: *Was kann ich konkret tun, damit es um uns besser wird?*

Sobald jemand den innigen Wunsch hat, sich innerlich zu wandeln, Altes hinter sich zu lassen, sein Leben so gut wie möglich den Schöpfungsgesetzen entsprechend zu gestalten, seiner Umwelt mit Liebe und Respekt zu begegnen, nur noch das Gute zu wollen ..., sobald dieses Sehnen in jemandem verankert ist, bekommt er auch Hilfen, um es in die Tat umzusetzen.
Nun könnte man denken, dass mit diesem Entschluss alles sogleich besser würde. Sicher, das wird auch geschehen. Aber vorher müssen alles Alte, falsche Wege, begangenes Unrecht und so weiter – etwas, dem sich jeder heute lebende Mensch stellen muss – noch ausgeglichen werden. Das ist notwendig, damit wir Falsches erkennen, durch Gutes und Richtiges ersetzen und wo nötig Unrecht ausgleichen und ablösen können. So sollte man jedes Hindernis, jedes Leid und jedes Ungemach als eine Hilfe ansehen und sich fragen: Was kann ich hier lernen? Was habe ich bisher falsch gemacht?
Unsere nähere und weitere Umgebung besteht aus Einzelmenschen. Man könnte sich sogar vorstellen, dass, würde jeder dieser Einzelnen

sich mit ehrlichem Bestreben dem Guten, Hohen und Richtigen öffnen und auch entsprechend leben, unsere Welt in kürzester Zeit ganz anders aussehen würde. Da wir jedoch nicht die anderen, sondern nur uns selbst wandeln können, so ist es das Wichtigste, bei sich selbst zu beginnen.
Als logische Folge dieser wohltuenden Saat erfolgt die Ernte des Gesäten. Das, was auf uns zurückkommt, wird gleicher Art sein, also ebenfalls wohltuend und aufbauend. So wird unser Leben, je mehr und je besser wir auf diese Weise wirken, lichter und schöner.

Frage 3: *Ich überdenke vieles und weiß nicht mehr, ob ich in meinem Tätigkeitsfeld und auch in meiner derzeitigen Partnerschaft bleiben möchte. Ich frage mich, ob ich die richtige Einstellung dazu habe, ob meine Arbeit und die Partnerschaft noch einen Sinn ergeben und was ich aus der momentanen Situation lernen kann.*

Wo und was genau Sie auf Erden wirken, ist, nach unserer Auffassung, nicht das Ausschlaggebende, sondern das Wie! Wenn Sie alle an Sie gestellten Herausforderungen erkannt haben, das heißt, dass es auch wirklich Ihre Aufgaben waren und Sie diese freiwillig, gern, liebe- und respektvoll erfüllten und erfüllen, dann dienten

und dienen Sie Ihren Mitmenschen im Rahmen Ihrer Möglichkeiten und säten Gutes. Die Saat wird aufgehen und der in erster Linie geistige Lohn wird Ihnen unverkürzt werden.
Falls aber die als Lebensaufgabe erkannten Herausforderungen widerwillig, ungern oder lieblos ausgeführt werden, so nützen die äußeren Taten für die innere Entwicklung wenig. Es kann daraus nur ein innerer, geistiger Aufstieg und Lohn in dem Maße erfolgen, wie die innere, wohlwollende Bereitschaft zum Zeitpunkt der Ausführung war.
Falls Sie sich also wirklich eine Pause von den derzeitigen Aufgaben und partnerschaftlichen Gegebenheiten wünschen, sollten Sie diese geordnet veranlassen.
Selbstverständlich dürfen wir uns nicht ohne vorherige sinnvolle Organisation und Sorgfalt aus übernommen Ämtern flüchten, nur weil uns irgendwann auffällt, dass wir die damit verbundene Arbeit nicht mit der förderlichen Einstellung tun.
Wir sollten uns jedoch immer bewusster machen, dass uns nach den ewigen Schöpfungsgesetzen kein innerer Gewinn werden kann, wenn wir die übernommen Aufgaben nicht mit der passenden inneren Einstellung ausführen.
Im Laufe unserer Entwicklung können und sollen wir lernen, uns innerlich für uns und

unsere Mitmenschen förderlich auszurichten, können lernen, uns immer besser zu überwinden, uns möglichst beweglich und hilfreich zu zeigen, schlussendlich jede nützliche und hilfreiche Tätigkeit gern und freudig auszuführen.

Frage 4: *Ich möchte ein besserer Mensch werden und nur noch förderliche Gedanken hegen und gute Taten ausführen, aber es gelingt mir oft nicht recht, dann fühle ich mich umso frustrierter und habe komische Gefühle.*

Es liegt in der Natur der Sache, dass jedwede dauerhafte Änderung der Verhaltensweisen mit kleinerem oder größerem persönlichen Aufwand verbunden ist. In Bezug auf Veränderungen des Körpers ist uns dies leichter verständlich. Zum Beispiel ist uns klar, dass eine nachhaltige Gewichtsreduktion für adipöse Personen mit für sie neuer und oft schwieriger Disziplin verbunden ist und daher sicherlich auch teils frustrierend wirkt. Außerdem ist leicht nachvollziehbar, dass dies nicht über Nacht geschehen kann. Das Gleiche gilt beispielsweise auch für den Muskelaufbau. Ohne tägliches Training, ohne Disziplin und den ein oder anderen Muskelkater gelingt dies normalerweise nicht.

Wir müssen uns bewusst machen, dass, wenn

wir uns für einen neuen Weg entscheiden, wir trotzdem noch auf dem alten stehen. Mit der Entscheidung haben wir uns wahrscheinlich neu ausgerichtet und blicken in die gewünschte Richtung, müssen dann aber die Arbeit auf uns nehmen, die Strecke auch wieder zurückzugehen, um dann erst nach Verlassen des alten Weges den neuen zu beschreiten. Auf dem Rückweg finden wir dann natürlich alle Schwierigkeiten und Unebenheiten wieder, von denen wir glaubten, sie hinter uns gelassen zu haben. Dies kann Ihnen Ihre ungeklärten Gefühle versinnbildlichen, die Sie nun auf dem »Rückweg« wiederfinden, um sie tatsächlich mit dem Durchleben auch abzulösen, sofern Sie diese Gefühle nicht weiter wollen und keine neuen Verbindungen in diese Richtungen knüpfen.

Generell sollen wir uns immer wieder vor Augen führen, dass unser freier Wille bedeutet, die Wege in der Schöpfung frei wählen zu dürfen. Dann sind wir aber naturgemäß der Art des Weges unterworfen. Wenn wir feststellen, dass uns diese Art nicht zusagt, dürfen wir uns umentschieden, müssen aber die bereits gegangene Strecke wieder zurücklaufen. Der Vorteil kann sein, dass es schneller geht, weil wir die Strecke und das, was uns erwartet, schon kennen (sollten), doch gleichzeitig kann die Sorge vor genau dem, was uns auf dem Rückweg erwartet, uns auch stocken und zögern lassen. Aber es helfen der gute Wille und alle förderlichen Mächte, so wir nur wirklich wollen. Den Weg allerdings müssen wir trotzdem selbst zurücklegen, weil wir ihn auch selbst gewählt haben. Deswegen mutig voran und die Erfahrungen als Gewinn für das Weitere nutzen!

Frage 5: *Wie kann ich gewonnene geistige Erkenntnisse an meine Umwelt weitergeben?*

In der Gralsbotschaft wird uns unendlich viel neues Wissen zuteil. Es ist eine unbeschreibliche Hilfe für unser Leben, und manchmal scheint es in uns überzufließen. Unser größter Wunsch ist dann, dieses erhaltene Wissen weiterzugeben, andere daran Anteil haben zu lassen. Doch wenn unser Gesprächspartner noch nicht oder vielleicht auch gar nicht bereit für diese Erkenntnisse ist, ist es besser, nicht das eigentliche Wissen, also zum Beispiel die Tatsache und Auswirkung der Gedankenformen, zu teilen, sondern die Wirkung, die dieses Wissen auf uns hatte. Also keine Erklärungen geben, sondern mit unserem Wesen geben: Die große innere Ruhe, die uns dank der Erkenntnisse in der Gralsbotschaft erfüllt, die Gelassenheit, das Vertrauen auf die Gerechtigkeit der Schöpfungsgesetze, aber auch liebevolle Zuwendung, das Verständnis für die Nöte anderer, Zeit schenken und zuhören – alles Dinge, die heutzutage oft fehlen und wohltuend auf unsere Nächsten wirken.

Frage 6: *Worin besteht der Sinn unseres Daseins?*

In den drei Bänden »Im Lichte der Wahrheit, Gralsbotschaft« wird der Entwicklungsweg des Menschengeistes, also unser Weg und somit der Sinn unseres Daseins, auf natürliche und nachvollziehbare Weise beschrieben.
So haben wir einst als Geistkeim das Paradies verlassen, um unsere Wanderung durch die verschiedenen Ebenen der Stofflichkeit zu beginnen, was es uns ermöglicht, durch Erleben die geistigen Fähigkeiten, die sich in dem Geistkeim befinden, zu wecken und nach und nach zu vollem Erblühen zu bringen.
Dieser Weg führt unseren Geist als Erstes durch die Ebenen der Feinstofflichkeit, auch Jenseits genannt, um dann, bei einer bestimmten Reife, das erste Mal auf Erden zu inkarnieren. Im Irdischen ist alles viel dichter als in der Feinstofflichkeit des Jenseits. Der Geist muss sich hier vermehrt mühen, und so wird sein Erwachen, Erstarken, Erglühen und Erblühen begünstigt. Zum Geiste gehört auch der freie Wille. Dank

des freien Willens können wir genau die Entscheidungen treffen, die wir als richtig befinden, und unsere Fähigkeiten so nutzen, wie wir es wünschen, was zu einer individuellen Entwicklung führt, also dazu, dass wir, jeder für sich, eine eigene Persönlichkeit sind.
Dass sich bei den Entscheidungen unseres freien Willens auch Fehlentscheidungen ereignen, können wir leicht erkennen, wenn wir unseren Lebensweg beobachten. Diese Fehler bringen Probleme, Not und Leid und veranlassen uns dazu, unser Tun zu prüfen, zu lernen, um uns, wenn wir nach dem Lichten streben, dem Guten zuzuwenden.
Dass eine Inkarnation nicht ausreicht, um einerseits die Fähigkeiten zu entfalten und sie andererseits auch in Einklang mit den Schöpfungsgesetzen zu nutzen, ist einleuchtend. Deshalb werden wir, nach Erleben und Erfahrungen auch im Jenseits, uns wiederum auf der Erde inkarnieren. Teilweise geschieht das auch, um begangenes Falsches aus einem früheren Leben abzulösen, daran zu lernen und es wieder gutzumachen.
Normalerweise sollten wir von einer Inkarnation zur nächsten über mehr geistiges Wissen, mehr Einsicht und Weisheit verfügen, sodass der Zeitpunkt kommen kann, da wir nicht mehr zurück auf diese Erde zum weiteren Rei-

fen müssen, sondern dass wir den Aufstieg zu den lichten Gärten des geistigen Reiches beginnen können, um dann wiederum einzugehen in das Paradies, wo uns endlose Möglichkeiten geistigen Wirkens erwarten.
Dies ist eine kurze Zusammenfassung des in der Gralsbotschaft ausführlich beschriebenen Weges durch die Schöpfung. In diesem Werke wird nicht nur der Entwicklungsweg des Geistes detailliert dargelegt, es enthält auch unsagbar viele Hilfen für uns Menschengeister, damit wir diesen Weg auch richtig und gottgewollt gehen können.

Frage 7: *Wie kann ich mit Problemen oder einer Krise umgehen, damit diese aufbauend wirken und ich mich nicht noch mehr verstricke?*

Wenn uns Not, ein Leid oder ein tief greifendes Problem bedrückt, so können wir dem auf zwei Arten begegnen. Einerseits, indem wir uns mit den äußeren, materiellen beziehungsweise irdischen Gegebenheiten befassen und eine Lösung anstreben – etwas das, je nach Situation, auch gelingen kann.
Andererseits können wir uns jedoch auch ins Bewusstsein rufen, dass das einzig und wirklich Lebendige in uns unser Geist ist, dass alles, was geschieht, durch unser geistiges Wol-

len verursacht oder zugelassen wurde. Bedenkt man, dass das Geistige, also das irdisch Unsichtbare, immer das Stärkere und somit auch das Ausschlaggebende ist, das Irdisch-Materielle hingegen nur die Auswirkung unseres Wollens darstellt, so wird auch klar, wo wir ansetzen müssen, um zu einem echten und tief greifenden Erfolg oder Neuwerden zu gelangen. Wir Menschengeister verfügen über einen freien Willen. Dies bedeutet, dass wir jederzeit freie Entschlüsse fassen können, die allerdings im Nachhinein zu entsprechenden Rückwirkungen führen. Sind die Entschlüsse gut, aufbauend und edel, so verfeinert sich unser Wesen dadurch mehr und mehr – etwas, das sich zum Wohle unserer selbst, aber auch der näheren und weiteren Umgebung auswirkt.

Sind die getroffenen Entschlüsse hingegen niederdrückend, falsch oder gar egoistisch und bösartig, so ergeben sich daraus genauso Rückwirkungen wie bei den guten Entschlüssen. Nur mit dem Unterschied, dass es sich hierbei um Belastungen, Sorgen, Not, Leid und Ähnliches handeln wird. Der Betroffene wird dadurch nicht wie im oben genannten Falle heller und leichter, sondern schwerer und düsterer – etwas, das für ihn selbst, aber auch für seine Umwelt zur Belastung wird.

Alles ist in Bewegung, nichts ist fest, unver-

rückbar und mit Sicherheit vorhersehbar, solange Entscheidungen des Menschengeistes einbezogen sind.
Trotz aller Schwierigkeiten und allen Ungemachs werden wir mit einer großen Kraft und Zuversicht erfüllt werden, wenn wir uns mühen, den Schöpfungsgesetzen entsprechend zu leben. Denn so säen wir das Gute, Richtige, Aufbauende, Beglückende. Es handelt sich um eine Saat, die aufgehen und auch eine entsprechende Ernte, also Rückwirkungen, bringen wird. Diese strahlen und wirken sich, für uns selbst oft unbewusst, auf unsere Umwelt aus. Dieses Strahlen wiederum zieht das Richtige, Gottgewollte, an; Hilfen können sich nähern, unsichtbare, die stützen, oder auch irdische, die helfen, Lösungen in schwierigen Situationen zu finden.
Gleichzeitig wird alles Dunkle und Falsche abgestoßen, Angriffe können nicht mehr in der Stärke treffen wie bisher.
Dieser Weg ist in der heutigen Zeit nicht einfach zu gehen, doch es ist der einzige, der uns aus allem Leid und der Not, welche die Menschheit auf die eine oder andere Art umgeben, herausführt.

Frage 8: *Wie kommt es, dass wir immer zahlreicher hier auf dieser Erde sind, und sollten wir nicht, da wir uns immer wieder inkarnieren, über mehr Weisheit verfügen?*

Wir Menschengeister befinden uns zurzeit auf einem Entwicklungsweg. Diesen Weg haben wir vor langer Zeit als Geistkeime begonnen, indem wir das geistige Reich verlassen haben, um durch Erleben unsere geistigen Fähigkeiten zu wecken, zu entwickeln und zu vervollkommnen. Unsere Reise begann also im Jenseits, in der Feinstofflichkeit. Die erwachenden Geistkeime glitten nach und nach immer tiefer, der groben Stofflichkeit der Erde entgegen und wurden so bereit für eine erste Inkarnation im Irdischen.

Die Gralsbotschaft erklärt, dass es sich um eine begrenzte Anzahl Menschengeister handelt, der in einem bestimmten Weltenteil während einer beschränkten Zeit die Möglichkeit zum Reifen gewährt wird. So ist es auch verständlich, dass sich in früheren Zeiten mehr Seelen im Jenseits aufhielten und nur »wenige« auf der Erde inkarnierten, dass jedoch, je weiter ihre Entwicklung fortschritt, umso mehr Geister das Erleben in der groben Stofflichkeit, das intensiver und vielseitiger als im Jenseits ist, brauchen. Dies zu Ihrer Frage, weshalb wir

zurzeit so zahlreich auf der Erde sind.
Weshalb wir nach der langen Zeit, die uns für unsere Entwicklung geschenkt wurde, noch nicht geistig reifer sind und demzufolge unser Verhalten auch edler geworden ist, findet ebenfalls in der Gralsbotschaft eine Antwort.
Um die geistigen Fähigkeiten auf eine eigene und persönliche Art entfalten zu können, verfügt der Menschengeist über einen freien Willen. So können wir frei entscheiden, was wir denken, tun und sprechen wollen. Die einmal gefasste freie Entscheidung wird anschließend von den Schöpfungsgesetzen aufgenommen und wird uns wiederum als das zurückgebracht, was wir Schicksal oder auch Karma nennen. So können wir an uns selbst erleben, ob unser Wollen wohltuend und aufbauend ist, indem wir Beglückendes und Schönes ernten, oder, im Gegenteil, wenn uns Leid, Not und Kummer treffen, sie uns bewusst werden lassen, dass unser Wollen nicht auf aufbauende Weise in der Schöpfung wirkt oder für unsere Mitmenschen belastend ist. Wenn wir um uns schauen, so können wir erkennen, dass wir überwiegend noch nicht gelernt haben, unseren freien Willen aufbauend und den Schöpfungsgesetzen entsprechend zu nutzen.
Hinzu kommt, dass wir Erdenmenschen uns nicht von dem einzig Lebendigen in uns, un-

serem Geiste, leiten lassen, sondern, dass im Allgemeinen der Verstand alles beherrscht. Der Verstand, der zum Irdischen gehört und für die irdische Beurteilung von an uns herantretenden Fragen unentbehrlich ist, ist nur ein Werkzeug für den über dem Irdischen stehenden Geist. Der Geist, der mit seiner Weitsicht und dem Erkennen der wirklichen Werte wie Gerechtigkeit, Liebe und so weiter eine Situation beurteilt, indem er sich auf diese Werte stützt. Also alles liebevoll und gerecht, zum Wohle und zum Segen, nicht nur seiner selbst, sondern der Allgemeinheit, beurteilt.
Dies ist zurzeit – noch – nicht der Fall. Wie wir sehen können, beherrscht der Verstand mit seinem eng begrenzten Urteilsvermögen das Leben. Sein Ziel ist nicht das Wohlergehen der Allgemeinheit, sondern es sind der kurzfristige Nutzen, der Gewinn, persönliches Ansehen und Macht – alles Dinge, unter denen wir momentan leiden.
Außerdem kennen wir die Schöpfungsgesetze nicht oder nur ungenügend. Wären diese in uns verankert, so wäre sich jeder klar darüber, dass er auch ernten wird, was er sät. Dass, will er glücklich sein, er auch Glück um sich verbreiten muss. Wünscht er sich Gerechtigkeit, so muss er auch gerecht handeln ...
Allerdings sind wir nicht taten- und hilflos den

Ereignissen ausgeliefert. Jeder von uns kann das Seine dazu beitragen, dass es besser wird. Sich um geistiges Wissen bemühen, die erworbenen Kenntnisse umsetzen, stets respekt- und liebevoll mit seiner Umwelt umgehen – all dies könnte man als unscheinbare Bemühungen bezeichnen, die im Falschen untergehen. Sie tun es jedoch nicht, sie sind stark und wirksam, da sie voll von der Kraft des Schöpfers durchdrungen sind.

Dass das Gute siegen wird, daran besteht nicht der geringste Zweifel. Die einzige wirkliche Kraft, welche die Schöpfung belebt und hält, stammt vom Schöpfer, sie durchdringt und stärkt alles Gute, lässt es gedeihen und sich ausbreiten. Das Falsche hingegen steht im Gegensatz zu der göttlichen Kraft, es wird zur Selbstzerstörung gedrängt. Das Falsche wird so immer mehr an Einfluss und Kraft verlieren, je mehr Menschen sich dem Guten zuwenden.

Frage 9: *Wie kann ich echte Dankbarkeit empfinden?*

Die Dankbarkeit ist etwas Wesentliches, Wichtiges und Lebendiges. Wenn wir uns mit verstandesmäßigen Gedanken bemühen, diesem oder jenem gegenüber Dankbarkeit auszudrücken, so ist dies etwas, das der lebendigen

Empfindung entbehrt. Die echte, lebendige Dankbarkeit geht den umgekehrten Weg: Sie ist ein freudiges Aufwallen gegenüber etwas, das uns geschenkt wurde, oder jemandem, der uns Gutes tat.

In der Gralsbotschaft wird klar beschrieben, was die echte Dankbarkeit ist, nämlich ein Ausdruck tiefer, reiner Freude.

Die Freude ist etwas, das nicht zum Verstand gehört, sondern aus unserem Innersten, unserem Geiste, aufsteigt. Sie ist kraftvoll und lebendig. Sie strahlt aus uns heraus und wird auch von unserer Umwelt wahrgenommen. Dies ist etwas Aufbauendes und Wohltuendes im Schöpfungsweben. Diese Freude ist auch der von den Schöpfungsgesetzen gewollte Ausgleich für etwas Empfangenes.

Wir können dies sehr gut nachvollziehen, wenn wir uns vorstellen, dass wir jemandem mit Sorgfalt und Liebe ein besonderes Geschenk aussuchten. Natürlich wird sich der Beschenkte bei uns bedanken, vielleicht sogar sehr überschwänglich. Doch was uns wirklich tief berührt, sind weniger die Worte des Dankes als die Freude, die durch unser Geschenk ausgelöst wurde.

Mit unserem Verstandesdenken meinen wir, dass wir unseren Dank immer in Worten kundtun müssten. Handelt es sich um unsere Mitmenschen, so ist es ganz natürlich, dass wir unserer Freude über etwas Geschenktes auch Worte des Dankes verleihen. Dem Schöpfer gegenüber jedoch wirken Worte nur schwach bis gar nicht, da sie zur Grobstofflichkeit gehören. Was den Weg nach oben findet, ist die tief empfundene, große Freude. Dabei kann es sich um eine unerwartete glückliche Wendung handeln, aber auch um die Freude, einen neuen Tag beginnen zu dürfen und von Schönem und Guten umgeben zu sein. Es kann zudem die Freude sein über die Gaben der Natur, die uns mit Schönheit umgibt und uns so viel beschert, um unseren Körper zu ernähren und gesund zu erhalten.

Etwas Geistiges, Lebendiges kann nicht »erzwungen« werden, es muss als echtes Bedürfnis aus unserem Inneren aufsteigen. Worte dürfen dieses innere Bedürfnis begleiten, doch sie sind nur Stützen beziehungsweise Hilfen für uns, unter anderem, um unsere Gedanken nicht in eine andere Richtung flattern zu lassen.

So ist es auch beim Gebet. Es sind nicht die Worte, die wir sprechen, die aufsteigen in die Höhe; es ist unser Empfinden, das diesen Worten zugrunde liegt. Deshalb sollten wir nur beten, wenn wir auch innerlich mit unserem Innersten mitschwingen. Gelingt uns dies, so ergibt sich eine Verbindung nach oben, und stärkende, helfende Kräfte können auf uns zurückströmen.

Kapitel 14 · Begangenes Unrecht – Karma

Frage 1: *Wie kann ich erkennen, dass mein Tun falsch war?*

Sobald sich jemand plötzlich bewusst wird, dass das Leben, so wie es sich bisher vollzog, nicht gottgewollt war, sondern dass dadurch viel Leid verursacht wurde, so ist das ein schwerer Schock. Jedoch auch ein Weckruf.

Wenn jemand diesen Weckruf hört und auch erfasst, ist es nun natürlicherweise sein innigster Wunsch, begangenes Unrecht wieder gutzumachen.

Die Schöpfungsgesetze helfen uns zu erkennen, dass alles gesetzmäßig verläuft, nichts dem Zufall überlassen ist und jeder unumgänglich das erntet, was er säte – etwas, das wir als selbstverständlich in Bezug auf die Natur annehmen (sät man Weizen, erntet man auch Weizen), jedoch selten berücksichtigen, wenn es sich um unser Schicksal und unser Leben handelt. Ist diese Ernte unangenehm, so könnte man sie als Strafe bezeichnen, was sie aber nicht ist. Sie ist vielmehr eine Hilfe, da sie uns zeigt, was nicht den Gesetzen entsprach, also falsch war.

Die Tatsache, dass alle Gedanken, Worte und Taten in derselben Art, wie wir sie in die Welt gesetzt hatten, wiederum zu uns zurückkommen, ist eine Gnade. Nur durch das eigene Erleben können wir auch feststellen, ob das, was wir säten, segensreich oder unheilstiftend war. Denn nicht nur das Falsche kommt zu uns zurück, sondern das Gute, in den Schöpfungsgesetzen Schwingende, ebenfalls.

Wenn sich nun jemand bewusst wird, dass es so, wie es bisher war, nicht den Schöpfungsgesetzen entsprach, und daraus den innigen Wunsch ableitet, es anders, besser zu machen, so ist das ein Erkennen, das sich im Geiste verankert und ihn lichter werden lässt. Es bedeutet auch, dass unangenehme Rückwirkungen mit der Zeit immer schwächer zurückkommen – dem guten Wollen, das nun auch in die Tat umgesetzt wird, proportional entsprechend. Und später, so wird in der Gralsbotschaft erklärt, wenn das gute Wollen fest in dem Geiste verankert ist und er überwiegend nur noch Gutes sät, können die Rückwirkungen sogar auf symbolische Weise an ihn herantreten, so dass daraus gar kein Leid mehr entsteht, denn es besteht für den Betreffenden keine Gleichart mehr mit dem Falschen.

Damit dies geschehen kann, braucht es ein starkes, unerschütterliches Wollen zum Guten und auch ein umfangreiches geistiges Wissen, das einen sicheren inneren Halt gibt. Was wirklich zählt, ist die innere Umkehr und das starke Wollen zum Guten. Ist dem so, so wird nach und nach alles leichter werden, das Erleben wird aufbauend und beglückend sein.

Frage 2: *Ich habe in einer Sache gegen mein inneres Empfinden gehandelt. Auch wenn irdisch betrachtet nichts Sichtbares geschehen ist, habe ich nun große Sorge vor dem sich daraus ergeben Karma.*

Dies Erleben kann Sie lehren, nicht wieder gegen Ihr inneres Empfinden zu handeln.
Da daraus keine irdischen Konsequenzen erwachsen sind, so wie Sie schreiben, sollten Sie diese Erfahrung als solche einstufen und auf Ihrem weiteren Lebensweg förderlich verwenden, aber nicht in hemmende Grübeleien verfallen.
Der Schöpfer hat in seinen Gesetzen dafür gesorgt, dass wir ernten dürfen oder müssen, was wir gesät haben. In jedem Fall kommt es zu einem Ringschluss und damit zur Aus- oder auch Ablösung. Sind die Dinge im Ringschluss beendet, können die daraus resultierenden Erfahrungen unserer Seele mit dem innewohnenden Geist einen Stempel aufdrücken, sie prägen und formen, was auch eine der Hauptaufgaben unserer

Erdenwanderung ist.
Wir müssen mit unserem freien Willen abwägen, prüfen und entscheiden, daraus möglichst tiefes Erleben und prägende Erfahrung gewinnen. Haben wir uns gegen die Schöpfungsgesetze entschieden, die wir kennen und willentlich, also freiwillig, befolgen lernen müssen, kommt es sicherlich zu einer unangenehmen Rückwirkung. Dies allerdings nicht als eigentliche Strafe, sondern als natürliche Folge, so wie beispielsweise das berühmte Handauflegen auf die heiße Herdplatte zu Verbrennungen führt. Das Ganze geschieht nicht, weil ein strafender Gott uns so unsere Fehler vorhalten will, sondern als unabdingbare Folge der geltenden Schöpfungsgesetze, da wir uns ja sonst auch auf die Temperatur des Feuers für viele nützliche Zwecke verlassen dürfen!
Handeln wir im Sinne der Naturgesetze, können wir, um bei dem genannten Beispiel zu bleiben, die Kraft und Hilfe des Feuers im gegebenen Rahmen für viele förderliche Bereiche nutzen.
Wer nun befürchtet, schon oft gegen die Schöpfungsgesetze gehandelt zu haben, damit also schwierige und auf vielen Ebenen schmerzhafte Ringschlüsse verursacht hat, die ein schweres Karma erzeugen, kann trotzdem getrost sein: Wer in sich festes Wollen zu dem Guten trägt, der kann durch die Kraft des

guten und richtigen Wollens, dem natürlich auch ebensolche Gedanken und Taten folgen, alles schwere Karma abmildern oder sogar auflösen, sodass es sich nur noch symbolisch auswirkt und nicht mehr schmerzhaft ist. Das Ganze können Sie sich zum Beispiel als zwei gegenläufige Sinuskurven vorstellen, die sich bei gleicher Wellenlänge und -stärke gegenseitig auslöschen.
Viel besser, ausführlicher und für jeden verständlich sind diese Vorgänge und alle anderen grundlegenden Lebensfragen in dem dreibändigen Werke »Im Lichte der Wahrheit, Gralsbotschaft« beschrieben, weswegen wir Ihnen diese Lektüre für alle essenziellen Lebensbereiche ausdrücklich empfehlen.

Frage 3: *Ich erlebe bei mir Nahestehenden, dass sie oft ungehalten und unfreundlich sind, obwohl ich mich um sie bemühe. Sind das Rückwirkungen von früher?*

Wir erleben viel während unseres Erdendaseins und treffen mittels unseres freien Willens zahlreiche Entscheidungen, die richtig, also den Schöpfungsgesetzen entsprechend sind, oder aber auch diesen Gesetzen nicht entsprechend, also falsch sind. Alles Falsche wirkt trübend in der Schöpfung; betrifft es

Mitmenschen, wirkt es außerdem auch noch belastend und verletzend. Dies ergibt dann das, was gemeinhin Karma genannt wird, und die karmischen Rückwirkungen bilden wiederum auch Schicksal.

Wie schon Jesus lehrte, werden wir alles, was wir tun, also säen, schließlich auch ernten müssen, oder, anders ausgedrückt, es wird in Form von Erleben auf uns zurückkommen. So können wir durch das Erleben feststellen, ob unser Tun wohltuend und aufbauend war oder im Gegenteil niederdrückend. Hat nun jemand seinen Mitmenschen Ungutes getan, so wird er etwas Ähnliches ernten, um zu der Erkenntnis zu gelangen, dass ein solches Wirken Schmerz und Leid verursacht. Das führt dazu, dass er lernen kann, sein Wollen anders auszurichten.

Nun bleibt jedoch noch das einem Mitmenschen zugefügte Leid. Dieses muss ausgeglichen werden. So werden wir in unserem Leben mit Menschen konfrontiert oder zusammengeführt, mit denen uns auf irgendeine Weise eine Schuld verbindet. Da es sich um ein neues Erdenleben handelt, erinnern wir uns nicht mehr an die konkreten Umstände, stehen somit der Situation offen und unvoreingenommen gegenüber.

Um alte Bande zu lösen, erhalten wir – auch hier auf irgendeine Weise – Gelegenheit, dem Betreffenden etwas Gutes zu tun. Aufgrund eines daraus resultierenden inneren Drangs, der vielleicht selbst entgegen offensichtlicher Umstände besteht, beispielsweise einer gegen uns geäußerten Unfreundlichkeit, bleiben wir hilfreich und höflich. Auf diese Weise können sich karmische Bande lösen, ohne dass wir uns dessen bewusst sind.

Es gibt unglückliche und vielleicht sogar verbitterte Menschen, mit denen der Umgang schwierig ist – etwas, unter dem sie selbst am meisten leiden. Warum dies so ist, und ob es sich um eine Verbindung aus einem früheren Leben handelt, etwas, das durchaus möglich sein könnte, allerdings nicht so sein muss, ist im Grunde nicht wichtig. Im Gegenteil, wenn man sich überlegt, dass diese oder jene Verbindung in einem anderen Leben bestanden hätte, so wirkt sich das einschränkend aus und lenkt von der objektiven momentanen Situation ab.

Etwas hingegen ist ganz klar: Sich helfend, freundlich und unterstützend zu verhalten, wirkt sich auf alle Fälle wohltuend auf alle Beteiligten aus. Selbst wenn jemand nicht, wie man so sagt, »über seinen Schatten springen kann« und schwierig bleibt, so ist das Erleben für ihn, dass jemand, den er nicht mit derselben Herzlichkeit behandelt, ihm dennoch hilft und Gutes will, etwas tief Berührendes. Das kann

ihm, tief im Inneren, viel geben und auch später auf seinem künftigen Weg im Jenseits begleiten.
Handeln wir auf diese Weise, so wirkt sich dies auf uns selbst, unser Inneres, also unseren Geist, stärkend und fördernd aus, da wir uns überwinden konnten und es vermochten, unseren Unmut beseite zu lassen. Dies ist auch eine Saat, ein Säen, das Früchte tragen wird, Früchte, die in diesem Falle Aufbauendes und Beglückendes bringen werden.

Frage 4: *Wie kann ich das Unrecht, das ich anderen zugefügt habe, ausgleichen? Ich weiß doch nicht immer, wo sich die Betroffenen befinden oder ob sie überhaupt noch leben.*

Empfindet jemand den innigen Wunsch, sein Leben neu und besser zu gestalten, den Schöpfungsgesetzen entsprechend zu leben, möglichst nur Aufbauendes, Gutes und Beglückendes zu säen, so führt das auch zu dem Wunsch, begangenes Unrecht wieder gutzumachen.
Handelt es sich um Menschen, die noch leben und von denen wir wissen, wo diese wohnen, so können wir Kontakt aufnehmen, uns entschuldigen und um Verzeihung bitten. Das ist etwas, das vielleicht nicht ganz leicht

fällt, doch eine große Erleichterung bringen kann. Selbst wenn das Vergeben nicht erfolgen sollte, so haben wir den Schritt getan und von unserer Seite her versucht, etwas in Ordnung zu bringen.

Können wir diese Menschen nicht wiederfinden, dann ist es eine große Hilfe zu wissen, dass Gedanken eine Tatsache sind – etwas, das in der feineren Stofflichkeit Form annimmt, mit uns verbunden bleibt, jedoch auch jemandem gesandt werden kann. So können Gedanken innigen Bittens um Vergebung den Weg zu dem Menschen, an den wir ganz stark denken, finden. Sie umhüllen ihn und lassen ihn unsere Einsicht betreffend Vergangenem und unser Wollen, dies auszugleichen, empfinden. Wenn diese Betroffenen auch nicht den Wortlaut dessen, was wir ihnen im Falle eines persönlichen Kontaktes sagen würden, erfassen können, so empfangen sie doch Wohltuendes, etwas, das ihnen Mut und Kraft verleiht, sie zuversichtlicher und hoffnungsvoller machen kann. Eine solche innerliche Verfassung kann dann dazu führen, dass jemand in einer solchen Situation den Mut hat, etwas zu wagen, dass ihm etwas Unerwartetes gelingt ... Alles Dinge, die dank unserer guten Gedanken möglich werden und vergangenes Unrecht ausgleichen können.

Bei den abgeschiedenen Seelen verhält es sich ähnlich. Ohne diese Seelen an uns binden zu wollen – denn sie gehen nun ihren Weg im Jenseits und sollten das Irdische hinter sich lassen –, können wir ihnen ebenfalls gute, helfende Gedanken senden oder sie um Verzeihung bitten. Auch das wird seine Wirkung haben, für die Seelen und auch für uns selbst. Bei dem eben Erwähnten handelt es sich um ganz bestimmte Personen, die wir mehr oder weniger direkt berühren können. Nun kann es auch sein, dass es andere gibt, die wir nicht kennen, vielleicht auch vergessen haben oder deren Verletztwerden uns gar nicht bewusst war. Hier dürfen wir voll den Schöpfungsgesetzen vertrauen. Diese werden Erleben herbeiführen, das uns, vermutlich unbewusst, erlaubt, vieles wieder gutzumachen.

Frage 5: *Was kann man tun, wenn man erkennt, dass ein schwerer Fehler, der nicht mehr rückgängig gemacht werden kann, begangen wurde? Wie kann man sich von dieser Schuld lösen?*

Eine begangene Tat kann nicht ungeschehen gemacht werden, doch, wie bei allem Falschen und allen Fehlern, verhelfen uns die Schöpfungsgesetze dazu, abzulösen und das begangene Falsche wieder gutzumachen. Sie legen Ereignisse und Erlebnisse auf unseren Weg, in den Alltag, die es uns erlauben, das gemachte Falsche auszugleichen. Sie erzeugen den innigen Wunsch, nichts dergleichen mehr tun zu wollen und sorgen so dafür, dass das Streben nach dem Guten in uns gestärkt wird. Dies geschieht meist unbewusst, doch bei ehrlichem gutem Wollen immer. Tröstlich heißt es in der Gralsbotschaft, dass wir uns von allem Falschen und uns Belastenden lösen können, wenn wir uns ehrlich darum bemühen.

Für jemanden, der sich bemüht, den Schöpfungsgesetzen entsprechend zu leben, bei jedem Fehler oder falschem Handeln – etwas, das trotz guten Wollens noch vorkommen kann – versucht, daraus zu lernen und, so weit wie möglich, auszugleichen, für den gibt es keinen Grund, sich vor der Zukunft zu fürchten, sei es hier auf der Erde oder später im Jenseits.

Kapitel 15 · Gedanken

Frage 1: *Wie kann ich mich von angsterfüllten Gedanken, die mich niederdrücken, befreien?*

Wir befinden uns in einer unruhigen Zeit, wir wissen nicht, in welche Richtung sich die Ereignisse entwickeln, was uns natürlicherweise verunsichert und Ängste verursacht. Das kann dazu führen, dass man den Mut verliert, meint, die Hoffnung auf bessere Zeiten aufgeben zu müssen.

Nun ist es so, dass all unser Empfinden und auch Denken sich nicht in »nichts« auflöst, sondern konkrete Formen annimmt. Man nennt sie »Gedankenformen«. Diese bleiben einerseits mit uns verbunden, andererseits können sie auch von ähnlichen oder gleichgearteten Gedankenformen angezogen werden, um gemeinsam eine größere und stärkere Form zu bilden – eine Form, die wiederum verbunden bleibt mit jedem, der diese große Form genährt hat, doch auch diesen »Ernährer« wiederum mit der vermehrten und geballten Kraft, die sich in dieser Form befindet, »nährt«.

So wir das eben Beschriebene berücksichtigen, können wir uns leicht vorstellen, was mit Gedanken der Angst, der Sorge, der Verzweiflung und der Hoffnungslosigkeit geschieht. Diese

Gedanken und Empfindungen verstärken eine niederdrückende und dunkle Schicht, die sich, und das können wir im Moment ganz klar und stark spüren, auf unsere Umwelt, aber auch auf uns selbst legt.
Sobald jemand beispielsweise Angst empfindet, verbindet er sich mit der entsprechenden Gedankenform – und seine Angst wird verstärkt.
Das einzig Lebendige in uns ist unser Geist, der über einen freien Willen verfügt. So liegt es an uns selbst, was wir empfinden und denken wollen. Falls die Angst uns zu ergreifen sucht, dann können wir mittels unseres freien Willens mutig entscheiden, dass wir dies nicht wollen und uns dem Lichten zuwenden. Wir können mit Zuversicht und Vertrauen den Blick nach oben wenden. Dies verleiht uns Mut und Kraft und verbindet uns mit dem Lichten.
Tun wir das, geschieht genau das Gleiche wie mit der Angst. Nur dass es jetzt lichte, hebende und vertrauensvolle Formen sind, mit denen wir uns verbinden. Das anfängliche Zagen kann so zu einer mutigen Zuversicht werden.
Die wohltuenden lichten Formen werden durch jeden guten und hoffnungsvollen Gedanken gestärkt und stärken uns in der Rückwirkung auch selbst wieder.
Bestimmt es ist nicht immer einfach, die richtige Ausrichtung beizubehalten. Doch das Wis-

sen von den Auswirkungen unserer Gedanken kann uns bei einem eventuellen Abgleiten helfen, schließlich wieder in die Mitte zu kommen. Dafür gibt es auch konkrete und irdische Hilfen, wie zum Beispiel das Sichverbinden mit der Natur oder indem man an etwas Schönes denkt. Oder man bemüht sich um die ganz große Hilfe: das innige Gebet.
Wir sollten nicht auf bessere Zeiten warten, sondern jeden Tag und jeden Moment versuchen, Gutes zu denken und zu tun, unser Wünschen und Streben nur an den Schöpfungsgesetzen auszurichten. Dann bleibt kein Platz mehr für die Angst, und wir tragen bereits jetzt zum Sieg des Guten bei und helfen, eine bessere Zeit vorzubereiten.

Frage 2: *Wie kann ich den Herd der Gedanken reinhalten?*

Gedanken sind in der heutigen Zeit allgegenwärtig. Mit dem vorherrschenden Verstand neigen wir dazu, wie in der Gralsbotschaft beschrieben, von unseren Gedanken überwältigt zu werden. Dabei handelt es sich um zwei Arten von Gedanken: bei der ersten um das Wollen des Geistes, in Bildern, das über den Solarplexus und das Kleinhirn zum Großhirn gelangt und dort vom Verstand verarbeitet wird, indem

er die erhaltenen Bilder in Gedanken umwandelt.
Die zweite Art von Gedanken stammt nicht aus unserem eigentlichen Ich, dem Geiste, sie entsteht im Gehirn. Es sind Gedanken, die vom Verstand ausgehen.
Unser Gehirn kann außerdem auch Strömungen und Gedankenformen aus der Umgebung aufnehmen, also Gedanken, die uns »umflattern«.
Nun sollten wir alle diese Gedanken reinhalten. Der Aufruf in der Gralsbotschaft, den Herd der Gedanken reinzuhalten, enthält zwei Elemente. Einerseits die Gedanken, die zum Verstand, also dem Vorderhirn, gehören, andererseits die Reinheit, die dem Geistigen zugehört, die also nur vom Geiste und nicht vom Verstand erfasst werden kann.
Wo befindet sich nun der Herd der Gedanken? Die Gedanken gehören zum Verstand, entstehen demzufolge im Vorderhirn. So könnte man annehmen, dass sich der Herd der Gedanken ebenfalls da befindet, wo die Gedanken entstehen – bei einem Wollen des Geistes, also zwischen den Bildern des geistigen Wollens des Kleinhirnes und der Verarbeitung dieses Wollens zu Gedanken des Vorderhirns.
Bei den Gedanken, die ihren Ursprung im Gehirn haben, können wir mittels unseres Geis-

tes, unserem eigentlichen Ich, mit unserem Empfindungswollen entscheiden, ob diese Gedanken nützlich, also »rein«, sind – oder ob wir diese, sobald sie aufgetaucht sind, zurückzuweisen versuchen.

Versuchen wir nun, unsere Gedanken reinzuhalten, so lassen wir den Geist über die Art der Gedanken wachen. Sobald sich ein Gedanke formt, egal, welchen Ursprung er hat, so sollte als Erstes der Geist seinen Wert erfassen und ihn entweder als rein und richtig im Irdischen auswirken lassen oder als unrein, nicht gewollt, zu unterdrücken versuchen.

Wie in der Gralsbotschaft erwähnt wird, geht jeder Tat und auch jedem Wort ein Gedanke voraus. Halten wir den Herd unserer Gedanken rein, also lassen wir keine unguten Gedanken Form annehmen, so wird nicht nur unser Denken, sondern ebenfalls unser Sprechen, Tun und Handeln gut und »rein« sein.

Um es mit anderen Worten zu formulieren: Man könnte unser Bemühen, den Herd unserer Gedanken reinzuhalten, auch so sehen, dass, würde uns dies eines Tages wirklich gelingen, der Geist dann unser Sein bestimmt. Auf diese Weise hätten wir die in der Gralsbotschaft als so schädlich dargestellte Verstandesherrschaft bezwungen.

Frage 3: *Wie ist es möglich, gute, also reine, Gedanken zu hegen, wenn wir mit dem Leid konfrontiert werden, das beispielsweise einem Tier zugefügt wurde?*

Mitleid und Empathie zu empfinden, beispielsweise für ein Tier, das schlecht behandelt wird, ist etwas Natürliches und Richtiges. Dies sind wohltuende, aufbauende Gedanken. Gedanken, die sich auf das betroffene Wesen, in diesem Falle ein Tier, zubewegen, ihm helfen und es stärken.
Dass die schlechte Behandlung eines Tieres auch Wut auf den Verursacher dieses Leiden auslösen kann, ist verständlich, doch das sind keine reinen Gedanken mehr.
Senden wir dem Verursacher des Leides wuterfüllte Gedanken, so werden ihn diese natürlicherweise auch erreichen. Doch was nun geschieht, ist nicht das, was wir uns wünschen, nämlich dass der Verursacher zum Nachdenken und zu einem anderem Handeln angeregt wird. Im Gegenteil, Wut und Ärger verbinden sich mit ähnlichen Gedankenformen, verstärken sich gegenseitig, belasten die feinstoffliche Umgebung des Verursachers und können ihn unter Umständen noch in seinem falschen Handeln unterstützen.
Hinzu kommt, dass diese belastenden Gedan-

ken, da sie von uns ausgegangen sind, auch mit uns verbunden bleiben. So erleben wir, dass, wenn wir uns einer Empfindung wie zum Beispiel der Wut hingeben, sich davon wieder zu befreien nicht einfach ist. Denn auch uns trifft die Verstärkung unserer ursprünglichen Gedanken.
Also auch hier versuchen, selbst wenn es verständlicherweise schwerfällt, dem Verursacher des Leides aufbauende Gedanken zu senden, gute Gedanken, die ebenfalls gleichgeartete anziehen und durch diese noch verstärkt werden. Das Ganze dient dem Zweck, darum zu bitten, dass ihm Erkenntnis wird. Es kann auch sein, dass jemand gar nicht so »schlecht« ist, wie er scheint, und nur aus Unkenntnis, Unachtsamkeit oder Bequemlichkeit so handelt. Dann können ihn erreichende aufbauende, helfende und gute Gedanken zum Innehalten bewegen und ihn dazu bringen, sein Handeln zu verändern.

Frage 4: *Darf man zu den Mitmenschen von dem geistigen Wissen sprechen? Oder besser nicht, da es ja eine Art Geheimwissen für besondere Menschen ist? Man kann über die Kräfte der Gedanken lesen, dies ist beängstigend.*

Geistiges Wissen ist für jeden Menschengeist

bestimmt, es gibt also nichts, das man zurückhalten oder verbergen sollte oder das man als »Geheimwissen« bezeichnen könnte. Das geistige Wissen ist uns Menschen von oben als Halt und Stütze für unseren Entwicklungsweg gegeben worden. Natürlich ist die geistige Entwicklung der zurzeit auf Erden inkarnierten Seelen sehr verschieden, was bedeutet, dass auch das Verständnis verschieden ist. Nun ist es so, dass jeder, wenn er sich mit geistigem Wissen beschäftigt, so viel versteht und das begreift und erfasst, was seinem inneren Entwicklungsstand entspricht und was für ihn im Moment nötig ist. Etwas, wofür er noch nicht bereit ist, gleitet an ihm vorbei.

Die Kenntnis der Tatsache der Gedankenformen ist für uns Menschen ein unglaublich wertvolles und hilfreiches Wissen. Denn solange man den Eindruck hat, dass Gedanken »nichts« sind, dass wir denken können, was wir wollen, ohne dass dies Folgen hat, dass wir ungestraft in Gedanken spielen können ..., so lange hält uns nichts zurück, dies nicht auch zu tun.

Wenn wir uns jedoch dessen bewusst sind, dass jeder Gedanke sogleich eine Form annimmt, dass diese Form weiter besteht, von gleichgearteten Formen angezogen wird und so eine große, kraftvolle Gedankenzentrale bilden kann, dann werden wir im Umgang mit unseren Gedanken vorsichtiger. Wenn wir uns darüber hinaus dessen bewusst sind, dass diese Gedankenzentrale nicht nur von uns genährt wird, sondern auch uns selbst wieder mit geballter und verstärkter Kraft nährt, dann wird die Angelegenheit noch eindrücklicher. Aber auch das ist noch nicht alles, denn jeder, der gleichgeartete Gedanken hegt, ist mit uns verbunden und verstärkt diese, was im Falle unguter, niederdrückender Gedanken, die wir eigentlich zurückweisen würden, zu einem Verstärken des Falschen führt.

Sie meinen, dass dieses Wissen Angst machen kann. Wir denken, dass, wenn dem so ist, dann handelt es sich um eine gesunde Angst, nämlich eine Angst, die uns davor schützt, ungute, aggressive, hass- oder neiderfüllte Gedanken zu hegen. Diese Angst ist also etwas, das nur zu unserem Besten sein kann.

Hinzu kommt, dass sich derselbe Prozess, also jener der Gedankenformen und der Gedankenzentralen, die fortbestehen, sich verbreiten und die durch jeden gleichartigen Gedanken verstärkt werden, genauso auswirkt, wenn es sich um gute, aufbauende, helfende, unterstützende und liebevolle Gedanken handelt. Damit ist jedem von uns eine große Möglichkeit und auch Macht gegeben, das Gute in der

Welt zu stärken, indem wir einerseits entsprechende Gedanken aussenden und andererseits dem Falschen keine Nahrung mehr geben, was dazu führt, dass es vertrocknet und verschwindet und so zum Neuwerden beiträgt.

Frage 5: *All die unschönen Nachrichten, die uns täglich erreichen, wirken beunruhigend und bedrückend, so dass ich fast den Mut verliere.*

Es ist verständlich, dass die gegenwärtige Situation beunruhigt und bedrückt. Natürlich sollte man einerseits informiert bleiben, doch sich andererseits nicht von den uns umgebenden Ereignissen überwältigen lassen.
Genauso wie wir unseren irdischen Körper mit guten, gesunden und vollwertigen Nahrungsmitteln versorgen müssen, wenn wir gesund und kraftvoll im Leben stehen möchten, genauso braucht auch unsere Seele eine sie stärkende und aufrichtende »Nahrung«. Diese Seelennahrung sind unser Empfinden und unsere Gedanken. Gedanken sind ja nicht »nichts«, sie können zwar irdisch nicht ohne Weiteres wahrgenommen werden, sind aber eine konkrete Realität in den feineren, für unsere Augen unsichtbaren, Ebenen. Sofern wir uns nun von den vielen traurigen und unschönen Nachrichten beunruhigen lassen, wir dadurch bedrückt,

niedergeschlagen oder ängstlich sind, so bilden sich Gedankenformen im Jenseits, die, da wir sie ausgesandt haben, mit uns verbunden bleiben. Doch das ist noch nicht alles, denn diese unguten Gedanken werden von anderen ängstlichen oder bedrückten Menschen angezogen und können so diese ebenfalls bedrücken. Genau dasselbe gilt auch für uns: Unsere trüben Gedanken ziehen ähnliche an und fließen so auf uns zurück, was wiederum Ängste oder Depressionen verstärkt.

Nun ist das Gleiche der Fall mit frohen, aufbauenden, beglückenden und liebevollen Gedanken. Diese wirken sich wohltuend auf unsere Umwelt aus, ziehen gleichzeitig ähnliche helfende Gedanken an, die ebenfalls auf uns zurückfließen. Dies stärkt unsere Seele, macht sie froh und widerstandsfähiger allem Unschönen und Falschen gegenüber.

Was können wir tun, um neuen Mut zu fassen? Wenn wir versuchen, unsere Gedanken auf Gutes, Helfendes und Aufbauendes zu richten, dann werden die düsteren bald nicht mehr viel oder gar keinen Platz mehr haben. Eine Hilfe kann auch die Verbindung mit der Natur sein. Sie ist wunderschön und bringt uns Ruhe, Freude und Zuversicht. Und dann existiert noch die ganz große Hilfe: das tief empfundene Gebet.

Frage 6: *In der Gralsbotschaft finden wir den Hinweis, dass wir den Herd unserer Gedanken reinhalten sollten. Was kann mir dabei helfen?*

Der Satz, dass wir den Herd unserer Gedanken reinhalten sollen, ist vielleicht einer der wichtigsten und gleichzeitig auch für uns verstandesmäßige Menschen am schwersten umzusetzenden. Wie schnell flattern unsere Gedanken in Richtungen, die wir eigentlich gar nicht möchten. Den Herd unserer Gedanken reinzuhalten ist ein sehr wertvoller Hinweis, um unser Leben richtiger und besser zu gestalten. Es ist allerdings auch etwas, das nicht so ohne Weiteres zu erreichen ist. Mit Ernst, Wachsamkeit und Geduld sollten wir uns diesen Satz stets gegenwärtig halten, uns um Reinheit der Gedanken bemühen und nicht verzweifeln, wenn es nicht gelingt.

Eine große Hilfe ist das Gebet: Sich innerlich öffnen, vielleicht statt Worten ein Bild von etwas Schönem, Hohem ins Bewusstsein rufen und versuchen, sich mit Gutem und Edlem zu verbinden, kann zu einem tief empfundenen Gebet werden. Sollte dieses auch nur einen kurzen Moment dauern, so ist es doch eine starke und wirkungsvolle Verbindung.

Kapitel 16 · Die neue Zeit

Frage 1: *Worauf wird die Annahme, dass das Ende nahe sei und das Jüngste Gericht bald komme, gestützt? Alles derzeitige Geschehen wurde doch in der Geschichte schon beschrieben, teils viel schlimmer. Warum sollte es sich jetzt nicht wieder in gewohnter Weise beruhigen?*

Zunächst soll hier der Hinweis aus der Bibel »... und tausend Jahre sind wie ein Tag ...« richtungsweisend Erwähnung finden.
Dies bedeutet aus unserer Sicht, dass die Dimensionen auch für Geschehnisse hier auf der Erde nicht nur aus unserem kleinen Blickwinkel heraus betrachtet werden sollten, insbesondere, wenn es sich um Prophezeiungen handelt.
Schon der nächtliche Sternenhimmel oder die für uns unvorstellbaren Zeitläufe, bis sich eben dieser mit dem winzigen Kreis, in dem unsere Erde ihre Bahnen zieht, entwickelt hat, zeigen deutlich, dass wir Menschen bei der übergeordneten Betrachtung nicht nur unsere Maßstäbe zur Einschätzung anlegen sollten.
Seit der Zeit, in welcher der Verfasser der Gralsbotschaft auf der Erde weilte, hat sich

aber auch für uns Erdenmenschen merklich und überschaubar Essenzielles verändert beziehungsweise beschleunigt. Während die Zahl der Menschen, das Wissen und der Einfluss auf die irdische Umgebung bis etwa um die Mitte des 19. Jahrhunderts kontinuierlich linear anstiegen, so zeigt sich seitdem die Zahl der Menschen auf der Erde exponentiell zunehmend, was bedeutet, dass damit auch ihre geistigen Vorzüge, aber ebenso alle Unzulänglichkeiten exponentiell ansteigen.

Die Einflussmöglichkeiten der Menschheit auf das Antlitz der Erde und all ihre Bewohner, ihr verstandesmäßiges Wissen und die Ausnutzung desselben, verdoppeln sich, quantitativ betrachtet, derzeit laut Schätzungen alle 48 Stunden – somit trägt der Mensch jetzt innerhalb von Stunden das zusammen und verbreitet es über die gesamte Erde, wozu er vorher die Entwicklung über Jahrtausende brauchte.

Das Ende ist diesmal bei nur geringer Menschenkenntnis auch für schlichte, nicht hellsichtige und nicht religiöse oder spirituelle Personen vorhersehbar.

Falls in dieser Epoche nicht durch eine höhere, gutwollende Macht eingegriffen wird, sollte jedem, der das Ansinnen und die Interessen der Mehrheit der Menschen kennt, klar sein, wann und wie es enden muss.

In jüngster Zeit wird auch ganz deutlich, dass man sich nicht mehr scheut, erneut über Atomwaffen und deren Einsatz zu sprechen. Sollten diese zur Anwendung kommen, muss bei dem Größenwahn und der Kaltherzigkeit aller Verantwortlichen mit dem Schlimmsten gerechnet werden, insofern dem Menschen nicht bald das Zepter aus der Hand genommen wird.
Wir sind davon überzeugt, dass dies in Form des prophezeiten Jüngsten Gerichts geschehen wird und alle Menschen, die sich nicht endlich in die Schöpfungsgesetze und damit in den Gotteswillen einfügen wollen, nicht weiter auf dieser Erde werden leben dürfen.
Diejenigen, die den Wunsch haben, im Rahmen der Schöpfungsgesetze zu leben und sich dahin gehend bemühen, werden trotzdem noch viel an sich arbeiten müssen, um so zu werden, dass sie schlussendlich für reif und entwickelt genug befunden werden, um ins geistige Reich, also das Paradies, eingehen zu dürfen.
Denn dass die Erde und damit die Entwicklungsmöglichkeiten auf ihr und in ihrem Umfeld nicht unendlich sind, sollte auch allen, die sich mit diesen Themen befassen, klar sein.

Frage 2: *Steht das, was wir zurzeit erleben, in Verbindung mit dem in der Bibel angekündigten »Jüngsten Gericht«?*

Dass wir im Moment eine ganz besondere, aufrüttelnde und die Menschheit weckensollende Zeit erleben, ist für viele spürbar. Dabei können die Fragen auftauchen, ob wir uns dem in der Bibel und anderen Schriften angekündigten »Jüngsten Gericht« nähern oder uns gar schon darin befinden. Und ob die ebenfalls verheißenen apokalyptischen Zeiten mit all ihren Leiden kommen werden, dass dann das Böse besiegt wird und wir uns dem nachfolgenden Friedensreich der Tausend Jahre nähern.
Die biblischen Ankündigungen sind bildhaft gegeben. Was diese konkret und in irdischer Hinsicht bedeuten, ist nicht unbedingt klar. Was klar ist, ist, dass das Böse besiegt werden soll, damit das Gute sich ausbreiten kann.
In den drei Bänden »Im Lichte der Wahrheit, Gralsbotschaft« wird die Zeit, die wir jetzt erleben, ausführlich beschrieben. Es wird dargelegt, wie es möglich ist, dass es so weit kommen konnte, dass die Menschheit, im Allgemeinen, so sehr vom richtigen Wege abgewichen ist. Einleuchtend wird dargestellt, was der Ursprung allen Übels ist, nämlich, dass wir Menschen unseren freien Willen nicht in gottgewollter

Weise nutzen, uns nicht den Schöpfungsgesetzen fügen, sondern unseren Verstand und eigenen Willen darüber setzen. Was dabei entsteht, kann nur Schmerz, Leid und Not bringen. Oder eben dem Falschen oder Bösen den Weg bereiten.

Dieses Werk zeigt uns auch, wie wir uns zum Bessern ändern können, und vermittelt Vertrauen auf das Kommende. Denn es liegt bei jedem Einzelnen, wozu er sich mittels seines freien Willens entscheidet und was er anschließend in die Tat umsetzt. Ein Trost dabei ist auch, dass ein »apokalyptischer Sturm« nur das treffen und »schütteln« wird, was falsch ist, nicht in Einklang mit den göttlichen Schöpfungsgesetzen steht. Dieses Schütteln ist unumgänglich, um nicht endlos immer wieder neu Falsches und Zerstörendes in die Welt zu setzen.

Entscheiden wir uns dazu, mit unserer Umwelt und den Mitmenschen oberflächlich, verstandesmäßig und lieblos umzugehen, so trifft uns das »Schütteln« in voller Stärke und Leiden und Not werden daraus entstehen. Doch selbst hier ist noch die Liebe des Schöpfers spürbar: Denn das Leiden kann (er-)weckend wirken, kann uns helfen, unser Streben, Denken und Tun neu an dem Guten, in den Schöpfungsgesetzen Schwingenden, auszurichten.

Etwas, dessen wir uns bewusst sein sollten, ist, dass, wenn wir uns entscheiden, nur noch Gutes zu tun, respektvoll und mit Liebe unseren Nächsten und der Umwelt gegenüber zu begegnen, sich unser Schicksal von diesem Augenblick an nach oben orientiert. Wir haben jedoch alle aus vergangenen Entscheidungen noch manches abzulösen. Das Ablösen erfolgt durch das Erleben. In dem Sinne können wir für jedes Hindernis, jeden Schmerz dankbar sein, da sie uns helfen zu erkennen, zu reifen und innerlich neu zu werden.
Wenn wir nur noch Gutes tun, also säen, so werden wir unweigerlich auch Gutes ernten und der Sturm, der über uns hinwegbraust, wird uns in dem Falle nicht verletzen, sondern stärken und emporheben.

Frage 3: *Wann wird sich alles zum Besseren wenden? Wann wird das Lichte endlich siegen?*

Wenn wir um uns schauen, so entsteht der sehnliche Wunsch, dass die Wendung zum Guten kommen möge, dass endlich alles besser wird. Dass das Licht siegen wird, daran besteht nicht der geringste Zweifel.
Wie wird sich dies vollziehen, wie wird es in Zukunft sein?
Nach dem Sieg des Lichtes wird es für uns alle

unumgänglich sein, uns den Schöpfungsgesetzen bedingungslos zu fügen. Also nur Gutes und Aufbauendes zu säen, dem Nächsten mit Respekt und Liebe zu begegnen, alle Kreaturen zu achten und die Natur zu pflegen, unser Wollen und Tun nur für das Wohl des Ganzen einzusetzen – all dies wird uns wiederum ein gutes Karma bescheren.
Würden wir dies nicht tun, so würde dies erneut zu der genau gleichen Situation, in der wir uns heute befinden, führen. So sind es weniger die äußeren Umstände, die sich ändern müssen, als wir Menschen selbst. Wir müssen lernen, unsere Empfindung, den Geist, die Seele oder »das Herz«, über unseren Verstand oder Kopf zu setzen, müssen lernen, im Einklang mit den Schöpfungsgesetzen zu leben.
Nun können wir uns, jeder für sich, auch die Frage stellen: Bin ich schon fähig, in diesem Sinne zu leben? Kenne ich die Schöpfungsgesetze auch genügend und bin ich bereit, mich danach zu richten und in meinem Leben vielleicht manches anders zu gestalten und umzustellen?
Diese Fragen kann natürlich jeder nur für sich selbst beantworten. Jedoch, wie es tröstlich in der Gralsbotschaft heißt, jemand mit ehrlich gutem Wollen bekommt auch alle notwendigen Hilfen, um dieses Wollen auch in die Tat um-

zusetzen – etwas, womit wir jetzt und sogleich beginnen können. Wir müssen nicht auf den Sieg des Lichtes warten. Im Gegenteil, diese schweren Zeiten sind für jeden von uns eine Zeit des Lernens, des Loslassens von Falschem und des Ablösens.
Wir sollten nicht auf bessere Zeiten warten, um damit zu beginnen, neu zu werden, sondern jeden Tag und jeden Moment versuchen, Gutes zu denken und zu tun, unser Wünschen und Streben nur nach den Schöpfungsgesetzen auszurichten. So vermögen wir zum Sieg des Lichtes beizutragen und helfen dabei, eine bessere Zeit vorzubereiten.

Frage 4: *Wie kann man dem Falschen oder Bösen die Kraft nehmen und dem Guten, dem in den Schöpfungsgesetzen Schwingenden, helfen, sich auszubreiten und die Oberhand zu gewinnen? Gibt es Hilfsmittel oder Methoden?*

Es gibt verschiedene Möglichkeiten, doch wenn auch manches an sich wirksam sein kann, so ist eine Methode immer nur so gut und wirksam wie die Menschen, die sie anwenden, es selbst sind. Anders ausgedrückt: Wir müssen nicht eine Methode finden, die dem Dunkel den Weg versperrt, sondern wir müssen in uns selbst, jeder für sich, lernen, bedingungslos den Schöpfungsgesetzen entsprechend zu leben. Wenn dies geschieht, wenn ein immer größer werdender Anteil der Menschheit nicht nur sein Tun und seine Worte, sondern – und das ist von überwiegender Wichtigkeit – auch seine Gedanken, sein innerstes Wünschen und Sehnen nur in den Natur- oder Schöpfungsgesetzen schwingen lässt, so wird sich vieles ganz von selbst ändern. Solche Menschen verhalten sich liebe- und respektvoll in jeder Situation, in Bezug auf ihre Familie, die sie umgebenden Mitmenschen und die rationalen Fragen im Beruf und im Alltagsleben. Sie respektieren alle Kreaturen sowie die Natur als Ganzes und richten ihr Leben dementsprechend aus. Freude erfüllt das Tun dieser Menschen, manche Schwierigkeiten und Probleme scheinen sich für sie fast wie von selbst zu lösen. Sie wirken Segen bringend und Hoffnung spendend auf ihre Umgebung. Solche Menschen werden als Vorbilder empfunden, man sucht ihre Nähe, will von ihnen lernen.

Wie wir feststellen können, sind wir noch weit von einer solchen Situation entfernt. Doch es liegt an uns selbst, an jedem Einzelnen, dass sich die Welt in diese Richtung ändert, denn der Weg dazu steht jedem von uns offen.

Frage 5: *Wie schaffen wir den Übergang in die neue Zeit? Ist damit das Jenseits gemeint?*

Das Neuwerden, die »neue Zeit«, bezieht sich nicht auf das Jenseits, sondern auf das Leben hier auf dieser Erde. Schon lange hört man, dass es so wie bisher nicht weitergehen kann, dass uns ein Abgrund droht. Dass »etwas geschehen« muss.
Viel wird gesprochen von dieser neuen Zeit, dem Neuwerden der Menschheit, dem Leichterwerden der Erde, dem Licht, das sich um uns wird verbreiten können ..., Hoffnungen und Erwartungen werden geweckt.
Wenn wir uns nun fragen, wie dies alles konkret vor sich gehen sollte, so müssen wir uns im Klaren darüber sein, welche die Ursache alles Falschen ist: Es ist das falsche, nicht gottgewollte Handeln der Menschen. So sind wir Menschen es, die wir uns grundsätzlich und in kürzester Zeit ändern müssen, damit diese neue und bessere Welt Wirklichkeit werden kann. Dazu gibt es nur einen Weg: Bemühen um geistiges Wissen, Erkennen der Schöpfungsgesetze und bedingungslose Ausrichtung des eigenen Lebens danach.
Sobald jemand den innigen Wunsch hat, sich innerlich zu wandeln, Altes hinter sich zu las-

sen, sein Leben so gut wie möglich den Schöpfungsgesetzen entsprechend zu gestalten, seiner Umwelt mit Liebe und Respekt zu begegnen, nur noch das Gute zu wollen – sobald dieses Sehnen in jemandem verankert ist, bekommt er auch Hilfen, um es in die Tat umzusetzen.

In dem Sinne wird jemand, der sich auf diese Weise bemüht, nicht nur an der neuen Zeit teilhaben dürfen, sondern er trägt auch aktiv dazu bei, dass diese neue Zeit, hier auf der Erde, Wirklichkeit werden kann.

Kapitel 17 · Die Bibel

Frage 1: *Manche Bibel-Stellen sind für mich unverständlich. Was bedeutet beispielsweise »die göttliche Dreifaltigkeit«?*

Wie Sie sicherlich selbst wissen, ziehen sich Diskussionen von allen Seiten bis hin zum Streit, sogar auch kriegerische Auseinandersetzungen wegen unterschiedlichen Auslegungen und Ansichten die Bibel betreffend durch die Geschichte der vergangenen 2000 Jahre. Unserer Auffassung von der christlichen Botschaft steht dies diametral entgegen, obwohl man auch wieder mittels der Bibel (»Auge um Auge, Zahn um Zahn«) die geschichtlichen Entwicklungen begründen könnte. Auch heißt es in der Bibel: »Mein ist die Rache, ich will vergelten.«
Das Hauptproblem besteht unserer Ansicht nach darin, dass die Bibel oft nicht als geistiges Werk aufgefasst wird, sondern nach mehrfacher Übersetzung einer ansonsten mündlichen Überlieferung, deren Geschehnisse teils erst Jahre später aufgezeichnet wurden, als Heilige Schrift angesehen wird, die teilweise bis heute wörtlich ausgelegt und für allerlei Eigenzwecke verwendet wird – und das, obwohl es unterschiedliche Übersetzungen gibt, die sich

bisweilen widersprechen.
Versteht man die Bibel aber als ein Werk, das sich an den innersten Kern des Menschen, an seinen Geist und nicht an den Verstand richtet, klären sich alle oben genannten vermeintlichen Ungereimtheiten auf, und dieses Gottgeschenk zur Hilfe aller Menschheit erstrahlt in einem noch viel größeren und klareren Licht.
Außerdem muss in diesem Zusammenhang noch bedacht werden, dass die Menschen auf der Erde bis heute in jeder Hinsicht unterschiedlich weit entwickelt sind. Diese Tatsache wird auch ein Grund sein, weshalb Jesus seinen Jüngern gegenüber erwähnte: »Vers 12 | Ich habe euch noch viel zu sagen; aber ihr könnt es jetzt nicht tragen. Vers 13 | Wenn aber jener, der Geist der Wahrheit, kommen wird, der wird euch in alle Wahrheit leiten.« (Johannes 16, Lutherbibel 1912)
Nicht zuletzt aus diesem Grund werden die Auffassungsmöglichkeiten und damit die Interpretationen verschieden sein.
Als kleines irdisches Beispiel: Auch bei besten Anlagen und Möglichkeiten können in der Schule von einem Erstklässler das Verständnis und die Lösung von Mathematikaufgaben aus der fünften Klasse nicht verlangt werden, noch weniger diejenigen aus der Abschlussklasse. Das ist dann kein Fehler des Schülers, auch

lehrt man ihn nicht die Unwahrheit. Die Wahrheit verbleibt sich, wie die Mathematik (die übrigens auch den Schöpfungs- und damit den Naturgesetzen folgt), immer gleich. Aber wie es eben für die Schul- und Lehrzeit charakteristisch ist, müssen wir Stück für Stück voran und von Stufe zu Stufe schreiten, sodass sich unser Horizont, das Überblick- und Begreifbare, mit der Weiterentwicklung immer mehr ausdehnt. Somit erkennen wir immer mehr Aspekte der Wahrheit, können mit dem Verständnis der Grundgesetze dann in gewissem Maße auch selbst aufbauend schlussfolgern.
Nach diesen groben Grundzügen, die für uns eine Grundlage für die weitere Kommunikation darstellen, möchten wir noch kurz auf Ihr Anliegen eingehen: In der Bibel wird Gott häufig als dreifaltig beschrieben, vom drei-einigen Gott gesprochen, Gottvater – Gottsohn – Gott Heiliger Geist erwähnt. Jesus beschreibt sich selbst als Gottes Sohn, sagt aber gleichzeitig, dass er »wieder eingeht zum Vater«, »wieder eins wird mit dem Vater«, dass »der Vater und er eins sind«. Das ist doch schon ein Hinweis darauf, dass das Wort »Sohn« hier nicht wörtlich zu nehmen ist, sondern uns Menschen die Beziehung, die Jesus zu Gottvater hat, etwas näherzubringen versucht, wobei wir Menschen einfach aus der Natur der Sache heraus die-

se hohen Dinge nie gänzlich werden begreifen können. Deswegen auch nicht die tatsächliche Dreifaltigkeit Gottes und alle damit verbunden besonderen Umstände. Die Bibel und ihre Verfasser können ja nun nicht anders, als menschliche Ausdrücke auch für diese höchsten Zusammenhänge zu nutzen, auch wenn man damit nur sehr beschränkt die tatsächlichen Begebenheiten umschreiben kann. Zur Verdeutlichung: Niemand wird wirklich die Existenz der Unendlichkeit bestreiten, trotzdem man sie nicht begreifen und auch mit dem Verstand nicht fassen kann. Genauso verhält es sich mit der Ewigkeit, Gerechtigkeit, Liebe!

Einige Hilfestellungen des HERRN für uns Menschen sind in der Bibel allerdings so klar und deutlich gegeben und auch in jedes Menschen Kern verankert, dass eigentlich keine Unklarheit herrschen kann, so zum Beispiel die Zehn Gebote. Auch die Kraft und die Einfachheit der bildlichen Sprache Jesu, die dem Verständnis der Menschen während der Zeit seines Erdenwandelns angepasst ist, kann uns heute noch alles geben: »Was du sähst, wirst du vielfach ernten«, »Liebe deinen Nächsten wie dich selbst«, »Es sei denn, dass jemand neu geboren werde«.

Alles in allem kann es uns Menschen, die wir als Christen in der Jetztzeit leben, hauptsächlich nur darum gehen, uns gegenseitig zu helfen und zu unterstützen. Es sollte kein Streit über Begebenheiten geben, die so weit über unserem Ursprung liegen, dass wir bestenfalls ein Ahnen erreichen können, jedoch diesbezüglich unseren Nebenmenschen niemals belehren können. Die tatsächlichen Zusammenhänge lehrt uns nach Jesus Verheißung: »Vers 13 | Wenn aber jener, der Geist der Wahrheit, kommen wird, der wird euch in alle Wahrheit leiten.« (Johannes 16, Lutherbibel 1912) Wir Menschen sollten uns, unserer Ansicht nach und wie bereits erwähnt, bestmöglich liebreich bei allen Umständen des Lebens helfen, die wir überblicken können. Für uns selbst sollten wir uns immer wieder fragen und kritisch prüfen, ob wir denn wirklich auch in der Lage sind, »den Geist der Wahrheit« zu erkennen, »alle Wahrheit« auch für uns anzunehmen und in unserem Leben zu unserem und dem Heil aller umzusetzen.

Frage 2: *Ich bin bekennende Christin! Steht die Gralsbotschaft »Im Lichte der Wahrheit« der Botschaft Christi und damit der Bibel entgegen?*

Auch wir sind bekennende Christen! Das genannte Werk »Im Lichte der Wahrheit« hat uns vom Glauben zur Überzeugung verholfen. Es steht der wahren Christus-Botschaft nicht entgegen, sondern bestätigt sie in allem und ergänzt sie noch in dem Sinne, wie Christus zu seinen Jüngern sprach: »Viel hätte ich euch noch zu sagen.«

Von Herzen stimmen wir Ihnen zu, dass jeder tief im Inneren auf der Suche nach Wahrheit ist und dass Gott uns dieses Sehnen nach IHM fest in unserem Herzen verankert hat.

Auch von der Tatsache, dass es nur eine ewig gültige Wahrheit gibt, die in Johannes 14, 6 mit »Ich bin der Weg, die Wahrheit und das Leben, niemand kommt zum Vater, als durch mich« genannt wird, sind wir überzeugt. Des Weiteren denken wir auch, dass der Erzengel Luzifer nicht Gottes Weisung folgen wollte, dadurch zu Fall kam und uns Menschen nun durch sein falsches Prinzip, das aus Versuchungen besteht und uns, wenn wir in »Anfechtungen fallen«, in die Finsternis, also abseits von Gott führen und zum Verderben werden kann.

Wie sich dies alles so entwickeln konnte, wie wir uns einstellen, wappnen und verhalten sollen, damit wir Gott und so selbstverständlich auch Christus wohlgefällig sind, vor und in seinen ewigen Gesetzen, den Schöpfungsurgesetzen, bestehen können, wird in dem oben genannten dreibändigen Werk für jeden nachvollziehbar, einfach und klar dargelegt.

Natürlich steht es damit auch der Bibel, sofern sie als geistiges Buch aufgefasst und richtig überliefert wird, nicht entgegen.

Frage 3: *Welche Fassung der Bibel ist die beste und authentischste?*

Unserer Einschätzung nach ist die Bibel sowohl in ihrer Urfassung als auch in allen Übersetzungen trotz sicherlich größter Bemühungen der Beteiligten immer noch von Menschen niedergelegt worden, teils mehrere Jahre nach den beschriebenen Begebenheiten, oft aus der Erinnerung nach mündlicher Überlieferung. Da die Schreiber nur berichten und durchaus kein Gesetz daraus entstehen lassen wollten für die gesamte Menschheit, sind ihnen Missverständnisse und mangelhafte menschliche Erinnerung zu verzeihen; nicht richtig und unverständlich ist es aber, dass später daraus ein unantastbares Dogma entstand.
Die wirklich rein erhaltenen Christus-Worte und alle Wahrheiten in der Bibel wie auch in anderen religiösen oder sonstigen Niederschriften verbleiben sich natürlich immer gleich wahr und rein.
Um unterscheiden, einordnen und Klarheit gewinnen zu können, ist unerlässliche Voraussetzung die Kenntnis der Schöpfungsgesetze,

die gleichzeitig den Willen Gottes in der Schöpfung darstellen. Diese finden wir bei genauer Sichtung in der Bibel, doch dem Verständnis der heutigen Zeit angepasst einfach, logisch nachvollziehbar und klar auch in dem dreibändigen Werke »Im Lichte der Wahrheit, Gralsbotschaft«. Dieses erklärt nicht nur die grundlegende Schöpfungsarchitektur, sondern zeigt das Wirken und die Bedeutung der Sendung des Gottessohnes im wahren Licht, sodass uns die unfassbare Liebe und Gerechtigkeit des Schöpfers in seiner ganzen Herrlichkeit noch deutlich bewusster werden kann.

Leider können wir Ihnen hinsichtlich der Frage, welches die »beste und authentischste« Bibel-Fassung ist, nicht weiterhelfen, aber für uns klärt das oben genannte Werk alle Fragen. So können wir die Bibel und ihre ohne Frage sehr wertvollen Inhalte für uns mithilfe dieses Werkes in den geschichtlichen Gesamtkontext und ihre Bedeutung für die geistige Menschheitsentwicklung einordnen und gleichzeitig auch bestimmte Missverständnisse und Fehlinterpretationen aufdecken. Es ist ganz einfach dann etwas unrichtig, wenn es Unstimmigkeiten zwischen den Darstellungen in der Bibel oder sonstigen Niederschriften und den von Urbeginn an wirkenden Schöpfungsgesetzen, die man auch Naturgesetze nennen kann, gibt.

Kapitel 18 · Fragen in Beziehung zum Werk »Im Lichte der Wahrheit, Gralsbotschaft«

Frage 1: *Ich habe Mühe mit der Sprache und der Strenge der Gralsbotschaft.*

Das Werk »Im Lichte der Wahrheit, Gralsbotschaft« ist ein geistiges Werk, das uns Wissen vermittelt, das weit über alles hinausgeht, was wir Menschen uns selbst erarbeiten oder auch erforschen könnten. Die Sprache dieses Werkes ist etwas für uns Ungewohntes, ebenso die Klarheit und Deutlichkeit der Hinweise, um uns von allem Falschen zu lösen und neu zu werden.

Sie empfinden die Gralsbotschaft als streng. Was würden Sie tun, wenn Sie jemanden sehen würden, der sich unwissentlich auf einen Abgrund zubewegt und dabei ist, abzustürzen? Würden Sie ihn behutsam darauf aufmerksam machen, dass er, wenn er so weiter schreitet, abstürzen wird? Oder würden Sie mit aller Ihnen zur Verfügung stehenden Kraft versuchen, den so Bedrohten zu warnen?

In einer solchen Lage befinden wir Menschengeister uns zurzeit hier auf der Erde. Mangelnde Kenntnisse der Schöpfungsgesetze, Verstandesherrschaft und die damit einher-

gehende Geistesträgheit haben zu nicht gesetzmäßigem Handeln und viel Falschem geführt – etwas, das unseren Geist belastet.
Beim aufmerksamen Lesen der Gralsbotschaft wird immer wieder die unendlich große Liebe des Schöpfers zu uns Menschen deutlich. Wir können erkennen, wie viele Hilfen uns stets umgeben und begleiten, Hilfen, denen wir uns nur zu öffnen brauchen. Auch die für uns so ermutigende Zusicherung, dass, wie schon Jesus sagte, wir unsere »Gewänder«, also feinstofflichen Hüllen, wenn wir uns ernsthaft mühen, zu reinigen vermögen, um dann einstens als gereifte und voll bewusste Geister in unsere Heimat, das geistige Reich, zurückkehren zu dürfen, ist ein großer Trost. Ebenso, dass alles für uns notwendige Erleben, um Falsches zu erkennen und auch zugefügtes Unrecht wieder ausgleichen zu dürfen, uns liebevoll zugeführt wird.
Unser ehrlich-ernstes Wollen, den Schöpfungsgesetzen entsprechend zu leben, sollte das Wichtigste für uns sein. Wir sollten versuchen, unser Leben mit der Empfindung zu leben und den Verstand wieder, wie vom Schöpfer gewollt, zu dessen Werkzeug auf der Erde werden zu lassen.
Wenn wir in innigem Gebet um die dafür notwendigen Hilfen bitten und die sich uns

bietenden Möglichkeiten ergreifen, so werden wir uns, bewusst oder auch unbewusst, von Belastendem lösen können. Geschieht dies, so empfinden wir auch keine Strenge mehr in den uns vermittelten Worten, sondern helfende Liebe.

Somit gibt es keinen Grund zu verzweifeln, sondern, im Gegenteil, wir können mutig und zuversichtlich unser Leben in die Hand nehmen, um uns zu wandeln und unseren Weg nach oben, in Richtung unserer geistigen Heimat, zu beschreiten.

Frage 2: *Ich finde es schwierig, einen Überblick in diesem Werk zu finden, die Themen werden nicht klar abgegrenzt behandelt.*

Es stimmt, dass das in der Gralsbotschaft vermittelte Wissen nicht klar »katalogisiert« ist in dem Sinne, dass man von einem Begriff ausgehend schnell alle nötigen Informationen findet. Das hier geschenkte Wissen ist lebendig, genauso wie sich dies auch beim Erleben zeigt. Das ist für den Leser eine große Hilfe, da er die Informationen nicht ausschließlich mittels seines Verstandes aufnehmen und ordnen kann, sondern wir müssen, wollen wir den Inhalt wirklich in uns aufnehmen, unser Inneres, unseren Geist, bemühen. Da es sich bei der Gralsbotschaft um ein geistiges Werk handelt, ist dies die einzige Möglichkeit, um tiefgreifendes, bleibendes und demzufolge auch wirklich Nutzen bringendes Wissen zu erlangen. Ein Wissen, das durch das Erleben im Alltag lebendig wird und das uns so zu echten Erkenntnissen verhilft – Erkenntnissen, die uns anschließend beim Abscheiden ins jenseitige Dasein begleiten werden.

Frage 3: *Wie konnte es zu den heutigen Wirrnissen kommen? Beim Lesen des Werkes »Im Lichte der Wahrheit« finde ich Antworten, doch ich bin überrascht von der Strenge.*

Wir befinden uns in einer Zeit des Umbruches, des Neuwerdens, etwas, dessen sich niemand entziehen kann, ob er es sehen will oder nicht. Viele sind sich dessen bewusst, dass es so wie bisher nicht weitergehen kann, dass uns ein Abgrund droht.
Um einer solchen Situation vorzubeugen, wurden schon vor Jahrtausenden Helfer aus dem Lichte zu uns Menschen gesandt (Krishna, Zoroaster, Lao Tse und andere), die uns das für unser geistiges Erwachen notwendige Wissen übermittelten. Später kamen die Propheten und dann, vor 2000 Jahren, als die Lage schon ganz verzweifelt wurde, der Gottessohn Jesus

selbst in seiner unendlich großen Liebe, uns zu warnen, zu wecken und uns zu helfen.
Doch was haben wir Menschen aus dem geschenkten Wissen gemacht? Ein kurzer Blick auf die Geschichte zeigt, wie wenig Beachtung wir all der Hilfe und der Liebe, die uns zuteil wurde, schenkten und wie die Menschheit immer verstandes- und selbstbewusster wurde, nicht nach den göttlichen Gesetzen fragte, sondern alles nach eigenem Wünschen und Ermessen vollzog. Wir können nicht sagen, dass es damals andere Menschen waren, dass wir davon nicht betroffen wären. Ein jeder von uns war, einmal hier, einmal da, an dem Geschehen beteiligt und hat demzufolge dazu beigetragen, dass die Erde immer dunkler wurde, sank und dass nun die Natur, die Tiere und die Wesenhaften unter der Last all des Falschen schwer leiden müssen.
In allen großen Religionen finden wir den Begriff des »Jüngsten Gerichtes«. Manches deutet darauf hin, dass diese Zeit gekommen ist. Wie nun all den Menschen, die im Strom des Falschen mitgerissen wurden, jedoch voll guten Wollens sind, bereit sich zu ändern und zu bessern, noch die Möglichkeit geben, den rechten Weg zu finden und zu gehen?
Geduldige und liebevolle Hinweise der Helfer und auch des Gottessohnes wurden wohl oft

als wertvolle Ratschläge aufgenommen, jedoch nicht in die Tat umgesetzt. Deshalb brauchen wir nun, will jemand sich noch aus der gegenwärtigen verzweifelten Situation retten, ganz klare Hinweise und klare Worte, da wir es sonst nicht verstehen und wiederum darüber hinweggleiten würden.

Die Strenge, die man in den Worten des Werkes »Im Lichte der Wahrheit, Gralsbotschaft« empfindet, ist im Grunde eine kostbare Hilfe, um uns zu wecken. Liest man in der Gralsbotschaft, so sind es nicht nur die Worte an sich, also die Ausführungen, Hinweise, Warnungen ..., die wir aufnehmen, sie beinhalten ebenfalls eine unfassbare Kraft, die den Leser tief berühren, ihn stärken oder auch schmerzlich treffen kann, je nachdem, wie er sich dem Gelesenen gegenüber einstellt.

Wenn die Ausführungen eines Themas »stören«, so sollten wir uns als Erstes die Frage stellen, warum das so ist und ob die Ausführungen mit den Schöpfungsgesetzen und der göttlichen Gerechtigkeit in Einklang stehen. Und ob das »Stolpern« bei bestimmten Ausführungen seinen Ursprung nicht eher in uns selbst hat. Denn erkennen wir, wie einfach, klar und richtig das Gesagte ist, bedeutet dies allerdings auch, dass wir in uns selbst etwas ändern sollten – etwas, bei dem wir oft auf inneren

Widerstand stoßen, etwas, das, wenn wir es ändern, jedoch auch dazu beiträgt, dass wir uns in die Schöpfungsgesetze einfügen zu unserem eigenen Gewinn. Letztlich hilft es uns, neu zu werden. Neu, für die neue Zeit.

Viel wird gesprochen von der neuen Zeit, dem Neuwerden der Menschheit, dem Leichterwerden der Erde, dem Licht, das sich um uns wird verbreiten können ..., Hoffnung und Erwartungen werden dadurch geweckt. Wenn wir uns nun fragen, wie dies alles konkret vor sich gehen sollte, so müssen wir uns im Klaren sein, wo sich die Ursache alles Falschen befindet: Es ist das falsche, nicht gottgewollte Handeln der Menschen. So sind wir Menschen es, die wir uns grundsätzlich und in kürzester Zeit ändern müssen, damit diese neue und bessere Welt Wirklichkeit werden kann.

Dazu gibt es nur einen Weg: Sich um geistiges Wissen bemühen, die Schöpfungsgesetze erkennen und unser Leben bedingungslos danach ausrichten.

Abd-ru-shin
Im Lichte der Wahrheit
Gralsbotschaft

Verlag der Stiftung Gralsbotschaft, Stuttgart
www.gralsbotschaft.org
ISBN: 978-3-8786-0650-5

Christopher Vasey
Die Kraft der Naturwesen

Als Taschenbuch mit 140 Seiten
und als eBook erhältlich

Edition Eva Herman
ISBN: 978-1-9990215-7-3

Christopher Vasey
Das Blutgeheimnis

Als Taschenbuch mit 198 Seiten
und als eBook erhältlich

Christopher Vasey
Gesund durchs Chaos

Als Taschenbuch mit 198 Seiten
und als eBook erhältlich

Edition Eva Herman
ISBN: 978-1-9990215-6-6

Printed in Poland
by Amazon Fulfillment
Poland Sp. z o.o., Wrocław

14389416R00132